自闭症儿童生活自理能力训练的理论与实践

黄儒军　曾树兰　明　兰 ◎ 主编

中国书籍出版社

图书在版编目（CIP）数据

自闭症儿童生活自理能力训练的理论与实践 / 黄儒军, 曾树兰, 明兰主编. — 北京：中国书籍出版社，2022.6

ISBN 978-7-5068-9043-4

Ⅰ.①自… Ⅱ.①黄… ②曾… ③明… Ⅲ.①孤独症—儿童教育—特殊教育—生活教育—研究 Ⅳ.①G766

中国版本图书馆 CIP 数据核字（2022）第 098774 号

自闭症儿童生活自理能力训练的理论与实践

黄儒军　曾树兰　明　兰　主编

责任编辑	盛　洁
责任印制	孙马飞　马　芝
出版发行	中国书籍出版社
地　　址	北京市丰台区三路居路 97 号（邮编：100073）
电　　话	（010）52257143（总编室）　（010）52257140（发行部）
电子邮箱	eo@chinabp.com.cn
经　　销	全国新华书店
印　　刷	三河市悦鑫印务有限公司
开　　本	710 毫米 × 1 000 毫米　1/16
印　　张	8.25
字　　数	180 千字
版　　次	2022 年 6 月第 1 版
印　　次	2022 年 6 月第 1 次印刷
书　　号	ISBN 978-7-5068-9043-4
定　　价	68.00 元

版权所有　　翻印必究

前　言

近年来，自闭症儿童生活自理能力的训练越来越受到教育工作者的重视，生活自理能力是儿童成长过程中的一个核心养成能力，是教育质量监控的重要关注点。普通儿童的生活自理能力的养成作为一种自然的习得过程，并不需要太多的额外关注，但特殊儿童由于认知、行为模仿、动作习得等方面存在缺陷，他们的生活自理能力的养成则需要教育与康复的额外关注。

在特殊儿童中，有一类典型的发展性障碍儿童——自闭症。随着发病率的增加，自闭症逐渐为人们所了解。该类障碍儿童主要表现为缺乏正常的沟通和社会交往能力。目前自闭症群体人口基数庞大，比如2015年，《中国自闭症教育康复行业发展状况报告》显示，目前中国自闭症患者已超1000万，0到14岁的儿童患者可能就超过200万，而且高达98.7%的自闭症患者并未接受有效的康复训练，特别是生活自理能力的训练还需加强，据此，本书主要围绕自闭症儿童生活自理能力训练展开论述，其他类型的特殊儿童（正常儿童）也可以参考本书的相关内容进行生活自理能力训练。

对自闭症群体进行干预康复的最终目的在于帮助其尽可能实现独立正常的生活，但目前的情况是多数的康复机构和特殊教育学校仅是关注到了自闭症儿童的早期及青春期的康复训练，而且也往往是针对单一的某方面的矫正，缺乏对自闭症儿童今后安置问题的考虑。实际上，很多的自闭症患者成年后，缺乏独立谋生的技能，无法就业，无法独立生活，现有研究指出了针对自闭症儿童群体独立生活技能康复教育的不足，仅有5%的接受过早期干预的自闭症儿童成年后能获得有报酬的工作，实现独立生活；25%的自闭症儿童进步明显，但仍不能独立生活；10%的自闭症儿童接受干预训练后独立生活技能有所改善，但仍需要终生监护，其他的情况就更加严峻了[①]。这些数据告诉我们，关注自闭症儿童群体生活自理能力的培养将是教育极其重要的目的，正如雷江华指出，孤独症儿童教育的目的在于帮助他们掌握日常生活中的简单技能，培养生活自理能力，尽可能地提高他们的

---

① 史茉莉. 厦门市某特殊幼儿园孤独症儿童的生活自理问题及对策[D]. 西安：陕西师范大学，2015：2.

独立性。

　　本书的完成是集体探讨、合作的结果，黄儒军负责理论部分的编写，曾树兰负责实践部分的编写，明兰教授在本书的编写过程中提供了相应的指导。其中第一章至第五章为理论篇，主要介绍了自闭症儿童生活自理能力的相关现状、评估、训练的理论基础等方面的内容，第六章至第十一章为实践篇，主要围绕自闭症儿童的生活自理能力各实践领域的训练展开。

　　在本书的编写过程中，我们参阅了国内外相关的学术资料，由于时间仓促，未能将所有作者一一列出，在此谨向所有作者一并致以诚挚的谢意。由于我们水平有限，书中难免有不当之处，敬请读者批评指正。

　　贵州工程应用技术学院特殊教育专业于2008年开始招生，2009年"特殊教育学"成为校级重点学科，2012年"特殊教育学"成为省级重点支持学科，2015年成为省级重点学科，2019年"特殊教育"成为省级一流专业，并作为国家级一流专业申报，因此，本书的出版，既是学科建设成果、专业发展的见证，也是贵州省教育综合改革的成果之一。

　　（1）贵州省重点学科"特殊教育学"建设成果，合同编号：黔学位合字 ZDXK（2015）19号；

　　（2）贵州省一流专业"特殊教育"建设成果，2019年；

　　（3）贵州省教改项目基于"医教结合，教育康复""理念的特殊教育专业人才培养模式改革与探索"，项目编号：2020197；

　　（4）贵州省教育厅教育规划课题：新文科背景下"医教结合"特殊教育专业人才培养的创新与实践，项目编号：2021B181。

作　者
2021年9月

目 录

理论篇

第一章 自闭症儿童生活自理能力概述 1
  第一节 生活自理能力的概念解读 1
  第二节 自闭症儿童生活自理能力的状况 3

第二章 自闭症儿童生活自理能力的评估 10
  第一节 评估概述 10
  第二节 评估工具 19

第三章 自闭症儿童生活自理能力训练的相关理论基础 33
  第一节 坚持生活及游戏教育的理念 33
  第二节 遵循自闭症儿童的心理特点 34
  第三节 以自闭症儿童的生理概况为基础 35
  第四节 注重社会学的启示 36
  第五节 坚持教育康复与医学康复的结合 38
  第六节 加强循证研究 40
  第七节 注重方法的多元性 41

第四章 基于个别化教育计划之下的自闭症儿童生活自理能力训练模式 47
  第一节 个别化教育计划概述 47
  第二节 个别化教育计划在自闭症儿童生活自理能力训练中的应用 50
  第三节 个别化教育计划在自闭症儿童生活自理能力训练中的注意事项 54

第五章 自闭症儿童生活自理能力的课程开发 55
  第一节 自闭症儿童生活自理能力课程开发的理念 55

- 1 -

第二节　自闭症儿童生活自理能力课程的开发 58

实践篇

第六章　自闭症儿童的饮食 63
　　第一节　培养进食的能力 63
　　第二节　进食的方式 73
　　第三节　用餐礼仪 78

第七章　自闭症儿童的身体清洁 81
　　第一节　洗手的能力 81
　　第二节　洗脸的能力 82
　　第三节　擦嘴的能力 83
　　第四节　擦鼻涕的能力 84
　　第五节　刷牙的能力 84
　　第六节　梳头的能力 85
　　第七节　洗头的能力 86
　　第八节　洗澡的能力 87
　　第九节　刮胡子的能力 88
　　第十节　使用卫生巾的能力 89
　　第十一节　剪指甲的能力 90

第八章　自闭症儿童的穿脱 91
　　第一节　脱鞋子的能力 91
　　第二节　穿鞋子的能力 92
　　第三节　脱袜子的能力 93
　　第四节　穿袜子的能力 94
　　第五节　脱裤子的能力 95
　　第六节　穿裤子的能力 96
　　第七节　脱衣服的能力 97
　　第八节　穿衣服的能力 98
　　第九节　季节性衣物的穿着能力 99
　　第十节　根据天气添减衣物的能力 102

第九章 自闭症儿童的如厕及就寝能力 104

- 第一节 如厕基本能力 104
- 第二节 独立小便的能力 108
- 第三节 独立大便的能力 109
- 第四节 辨识厕所符号的能力 110
- 第五节 就寝的能力 111

第十章 自闭症儿童的安全能力 113

- 第一节 过马路的能力 113
- 第二节 观察运用警示标志的能力 114

第十一章 自闭症儿童居家生活的能力 115

- 第一节 开关门的能力 115
- 第二节 开关灯的能力 115
- 第三节 洗碗筷的能力 116
- 第四节 做饭的能力 117
- 第五节 扫地的能力 118
- 第六节 清洗衣物的能力 119
- 第七节 整理衣柜的能力 120
- 第八节 整理床铺的能力 121
- 第九节 雨天出行的能力 121
- 第十节 购物的能力 122
- 第十一节 休闲娱乐的能力 122

参考文献 124

理论篇

第一章　自闭症儿童生活自理能力概述

第一节　生活自理能力的概念解读

一、生活自理能力的概念

学界对生活自理能力的定义是多样化的，主要的定义有斯帕罗的定义、徐享良的定义、中国台湾《生活自理手册》、张文京等的定义[1]。

斯帕罗将生活自理能力定义为生活自理、沟通交流领域、语言与认知、动作技能等方面，徐享良认为生活自理技能除了通常所关注的吃饭、穿衣、卫生等个人身体清洁技能之外还应该包括居家生活、外出交通、安全常识问题以及与亲人的沟通交往等方面。中国台湾《生活自理手册》中对生活自理进行了广义和狭义的概念界定。广义的生活自理包括人在目前及未来生活中过有质量的生活所需的一切技能，包括家庭、求学、就业、休闲娱乐、健康、社会参与、人际关系、个人发展所需的技能。狭义的生活自理是指个人本我照顾，个人卫生、仪容整洁、饮食等生活起居的基本自我照顾技能。张文京教授认为特殊儿童的生活自理包括饮食、穿着、如厕、就寝、身体清洁[2]。

尽管这些定义存在一定的区别，但其背后的价值取向是一致的，即关注个体对正常生活的基本适应性。在上述定义的基础上，我们认为生活自理能力的定义除了包括基本的生活适应性技能，即围绕衣食住行等方面外，还应该有追求生活质量的诉求，比如交流、分享等。特别是在提倡融入主

---

[1] 李潇. 自闭症谱系障碍儿童生活自理课程开发的行动研究[D]. 兰州：西北师范大学，2017：4.
[2] 张文京，许家成，等. 弱智儿童适应性功能教育课程与实践[M]. 重庆：重庆出版社，2002：9.

流社会生活的今天，更应该强调生活自理能力对个体所具有的追求生活质量诉求的回应。同时，不同的时代和文化背景下，生活自理能力的指标也应该是存在区别的，比如今天信息技术高度发达，使用手机是一项基本技能，那么如何合理有效使用电子设备也应该是生活自理能力的指标之一。因此，我们将生活自理能力定义为：在某文化和时代背景下，个体能正常应对主流生活所需的必备核心技能，包括维持基本生活所需的生存性技能和追求生活质量所需的发展性技能（见图1-1）。

图1-1　生活自理能力定义的内涵要求

二、生活自理能力的重要性

随着社会的发展，"生存教育"的观念得到了人们越来越多的重视，并且也逐渐成为教育的重要目的。特殊教育的最终目的是最大限度地满足社会的要求和特殊儿童的需要，挖掘他们的潜能，补偿身心缺陷，为他们更好地适应社会创造条件。通常情况下，普通儿童在家庭、学校、社区可以轻易掌握很多方面的生活技能，这些技能能够为他们将来独立生活、适应多变复杂的环境打下坚实的基础，但对于身心存在发展障碍的儿童特别是自闭症儿童而言，存在着社会交往障碍、交流障碍、活动内容和兴趣的局限及刻板重复的行为方式，而且多数还伴有不同程度的智力发育落后，这些问题极大制约了他们生活生存的质量。美国《复健法修正案》指出，障碍作为个人生活经验中的一种特质，个人的独立生活、自我决策、追求有意义的生涯等权利并不能被剥夺。这说明自闭症儿童应该享有和普通人群一样的生存生活权利。

对于自闭症儿童而言，帮助他们获得生活自理能力是最重要的方面，这种重要性表现为：（1）提升其个人和家庭的生活品质。当自闭症儿童拥有足够的生活自理能力后，也就意味着他们自身能够获得更加有自尊、自主性和独立性的生活，而且对于他们的家庭而言，也会是一种减负，有助于让其他家庭成员有更多的自我支配时间和精力。(2)增进自闭症儿童的交往生活。人的社会性表现为各种人际交往,自闭症儿童由于系列障碍,特别是生活不能实现较好的自理,制约了他们的人际交往生活,而且在社区本位活动取向下,教育的重要目的也在于让个体能够更加独立地参与社区融合生活,对自闭症儿童的生活自理能力进行训练,有助于他们参与社会活动,体现他们的价值和意义。(3)满足自闭症儿童学习特质的要求。1983年,美国心理学家加德纳提出了著名的多元智能理论,他将智力定义为"是在某种社会和文化环境的价值标准下,个体用以解决自己遇到的真正难题或生产及创造出某种产品所需要的能力"[①]。从加德纳对于智力的定义,可知智力是多元的,且以解决实际问题为导向,那么相应的学习者的主要学习内容也应该与智力的多元理论相一致。从加德纳的多元智力理论出发,生活自理能力也必然是学习的重要部分。对于存在生活适应技能不足的自闭症儿童而言,加强生活自理能力的训练是满足他们学习特质要求的重要体现。

总之,自闭症儿童在独立生活与交往技能方面存在严重的困难,使得他们的生活自理能力面临不足,不仅给他们的生活带来了不利影响,也给自闭症儿童的家人、老师等日常照顾者带来了沉重的负担。所以无论从自闭症儿童自身发展的角度而言,还是从对其照顾者的人性关怀而言,关注自闭症儿童的生活自理能力都具有积极的意义。

第二节　自闭症儿童生活自理能力的状况

一、现状

(一)一般领域

虽然部分自闭症儿童在某些方面存在超常能力,比如擅长绘画等,但即使是在这种存在某一方面超常能力的情况下,他们中的多数人并不能独立实现吃饭、穿衣、如厕等,需要家人的终生陪伴。

睡眠:睡眠在儿童的生长发育中占有极其重要的地位,睡眠异常不仅会对儿童的身体发育造成影响,还会给儿童的认知、学习、社交等方面产生长期或短期的不利影响,相关研究指出自闭症儿童表现出了较高的睡眠

[①] [美]霍华德·加德纳. 智能的结构[M]. 沈致隆,译. 杭州:浙江人民出版社,2013:1.

问题发生率[①]。学者们就自闭症儿童的睡眠问题进行了深入的研究，这些成果主要从如下方面概括了自闭症儿童的睡眠状况：

（1）自闭症儿童普遍存在睡眠问题。比如鲁明辉等在2014年对185名3~17岁的自闭症儿童的测查中发现，多达83.9%的自闭症儿童存在睡眠问题[②]，Cotton等和Couturier等的研究也指出发育障碍儿童的睡眠障碍发生率至少是正常儿童的四倍，而自闭症儿童睡眠障碍的发生率比其他障碍儿童更高，达到了44%~83%[③]。

（2）自闭症儿童的睡眠问题在年龄上存在差异。虽然绝大多数自闭症儿童存在睡眠障碍，但是研究指出自闭症儿童的这种睡眠障碍在年龄上存在一定的差异。比如鲁明辉等的研究发现，在入睡方面，年幼自闭症儿童的入睡问题更严重，在夜间睡眠时长和午睡时长上，3~5岁自闭症儿童的夜间睡眠和午睡时长最长，12~17岁组则最短。赵雪晴等采用儿童睡眠习惯问卷（the Children's Sleep Habits Questionnaire，CSHQ）对25名自闭症儿童睡眠的调查研究，发现自闭症儿童随着年龄的增长，睡眠出现问题的可能性会增加[④]。

（3）睡眠不良加剧自闭症儿童核心症状。自闭症儿童的核心症状主要是社交障碍、语言障碍、重复刻板行为。研究发现不良睡眠会激化自闭症儿童的核心症状，比如Goldman等的研究发现，相较于睡眠状况较好的自闭症儿童，那些睡眠状况更差的自闭症儿童拥有更多的行为问题，比如更多无意义的重复刻板和自我刺激、挑战行为[⑤]，Gregory指出睡眠状况差的

---

① 赵雪晴，杨红，等. 32例自闭症儿童的睡眠相关问题分析[J]. 第三军医大学学报，2009（22）：2196-2198.
② 鲁明辉，张永盛等. 自闭症谱系障碍儿童睡眠问题及影响因素[J]. 中国特殊教育，2014（05）：33-38.
③ Cotton S, Richdale A. Brief report: parental descriptions of sleep problems in children with autism, Down syndrome, and Prader-Willi syndrome[J]. Research in Developmental Disabilities, 2006（02）：151-161; Couturier J L, Speechley K N, Steele M, et al. Parental perception of sleep problems in children of normal intelligence with pervasive developmental disorders: prevalence, severity, and pattern[J]. Journal of the American Academy of Child & Adolescent Psychiatry, 2005（08）：815-822.
④ 赵雪晴，杨红，等. 32例自闭症儿童的睡眠相关问题分析[J]. 第三军医大学学报，2009（22）：2196-2198.
⑤ Arlene M, Leader G. Sleep problems in autism spectrum disorder: A literature review[J]. Review Journal of Autism and Developmental Disorders, 2014（01）：101-109.

第一章　自闭症儿童生活自理能力概述

自闭症儿童的认知和学习也更容易出现困难[1]。

饮食：合理的饮食习惯对于儿童的身体发育至关重要，这包括不挑食、不暴饮暴食等。但是研究指出自闭症儿童在饮食上存在一定的问题，主要表现为：第一，饮食不能自理，比如戴旭芳在对自闭症儿童与普通儿童饮食状况对比的研究中，发现相较于普通儿童，多数自闭症儿童都是由他人喂养为主，缺乏独立进食的能力[2]。第二，饮食范围狭窄，存在挑食行为。戴旭芳[3]指出自闭症儿童选取的食物种类少于普通儿童，在面类、奶类、禽蛋类、禽肉类、水产类、蔬菜类、油脂类、水果类和冷饮类的食物品种选取均少于正常组儿童，且达到统计学差异。国外学者 W.H.Ahearn 等对 30 名孤独症患者的研究也指出自闭症儿童对食物具有较高的选择性，而且对食物在新环境、新事物及新形式上也不接受[4]，D.Field 等的研究也指出自闭症儿童对食物种类的挑剔很明显，而且伴有一系列的消化系统疾病[5]。K.A.Schreck 等的研究也指出自闭症儿童除谷类中能接受种类为正常儿童的 2/3 外，其他类型食物皆能接受正常儿童的一半左右[6]。实际上，科学研究证明饮食摄入食物种类越少，越容易导致某些营养元素的缺乏。第三，存在异食癖。异食癖指的是持续性地摄取非营养的物质，如泥土、头发、涂料等[7]。部分自闭症儿童存在异食癖问题，比如会吃纸张、粉笔、泥土、硬币等，严重影响到他们的身体健康。出现这种情况的主要原因可能在于自闭症儿童的抑制机制出现问题，难以控制对非营养物质的摄入，以及可能是为了获取他人的关注等。

如厕：如厕技能是独立生活所必须的一项关键技能，关系着个体的生活

---

[1] Petroski G F, Mazurek M O. Sleep problems in children with autism spectrum disorder: Examining the contributions of sensory over-responsivity and anxiety[J]. Sleep Medicine, 2015 (12): 270-279.

[2] 戴旭芳.自闭症儿童与普通儿童的饮食状况比较研究[J].中国特殊教育,2006(11):39-43.

[3] 同上.

[4] Ahearn W H, Castine T, Nault K, et al. An assessment of food acceptance in children with autism or pervasive developmental disorder not otherwise specified[J]. Journal of Autism and Developmental Disorders, 2001 (05): 505-511.

[5] Field D, Garland M, Williams K. Correlates of specific childhood feeding problems [J]. Journal of Paediatrics and Child Health, 2003 (04): 299-304.

[6] Schreck K A, Williams K. Food preferences and factors influencing food selectivity for children with autism spectrum disorders[J]. Research in Developmental Disabilities, 2006 (04): 353-363.

[7] Cynthia RJ. Encyclopedia of autism spectrum disorders (chapter 54: pica) [M]. New York: Springer Science + Business Media, 2013: 542-543.

质量，保持个体基本的卫生状况和生理舒适度。如厕问题给包括自闭症儿童在内的特殊儿童带来了显著的障碍，在诸多障碍类别的特殊儿童中，自闭症儿童的如厕问题非常突出，这些问题主要表现如下：

（1）不能正确实现如厕。①不能自主控制大小便，比如 Dalrymple 在一项针对 9~32 岁的自闭症患者的研究中发现，22%的患者有过尿床的现象[1]。②不能按照社会预期实现文明如厕，比如不少自闭症儿童不知道进入厕所大小便，而且如厕后不知道冲洗，或者涂抹粪便等，或者不能实现持续性的如厕，比如不能顺利完成脱裤、穿裤、便后冲洗等一系列环节。之所以出现这种情况，主要在于他们在行为上偏爱常规和仪式化，行为的改动会让他们难以适应。

（2）干预训练困难。①缺乏合适的动机。自闭症的社会性情感互动能力存在缺陷，使得他们在理解和享受社会关系上存在障碍。这种障碍会进一步导致他们不能轻易理解如厕的社会动机，这种社会动机表现为通过正确的如厕可以获得成人的赞美，由于缺失这种动机，将会导致他们在规则概念不够的童年时期，无法顺利做出符合社会期许的行为。②信息整合能力欠缺。自闭症儿童在信息整合能力方面是存在障碍的，这导致他们难以理解如厕训练的有关指示，而且这种信息整合能力的缺乏将会使得他们不能顺利组织和排列信息，从而无法顺利地将自己的注意力集中到有关如厕训练的一系列动作上。

（二）特殊领域

1. 适应功能明显不足

相比于其他障碍类型的特殊儿童，自闭症儿童的生活自理能力突出表现为对外界的适应功能存在缺陷，Matson 甚至提出，区分自闭症儿童和其他广泛性发育障碍儿童最重要指标之一便是适应功能缺陷[2]。其他多位学者对自闭症儿童和其他障碍儿童的对比研究，也都指出了自闭症儿童在适应功能上的缺陷特征，比如 Rodrigue 等通过《文兰适应行为量表》对自闭症儿童、唐氏综合征儿童的适应行为进行对比测量，发现唐氏综合征儿童的适应行为发展水平明显好于自闭症儿童[3]。Perry 等人的研究也表明，相比其他非自闭症的广泛发育

---

[1] Dalrymple N J, Ruble L A. Toilet training and behaviors of people with autism: Parent views[J]. Journal of Autism and Developmental Disorders, 1992 (02): 265-275.

[2] Matson J L, Dempsey T, Fodstad J C. The effect of autism spectrum disorders on adaptive independent living skills in adults with severe intellectual disability[J]. Research in Developmental Disabilities, 2009 (06): 1203-1211.

[3] Rodrigue J R, Morgan S B, Geffken G R. A comparative evaluation of adaptive behavior in children and adolescents with autism, Down syndrome, and normal development[J]. Journal of Autism and Developmental Disorders, 1991 (02): 187-196.

障碍儿童，自闭症儿童的适应行为发展水平更低下[1]。出现这一现象的原因主要是因为相比其他障碍儿童，自闭症儿童在社会性和沟通方面存在更为严重的障碍，而这些障碍恰恰会严重影响到自闭症儿童的适应能力。

2. 基本沟通能力低下

个体生存在这个世界上，并非绝对的孤立，需要与他人沟通，维持与他人合适的人际关系并获取他人的支持帮助，可以认为沟通能力是生活自理能力的重要组成部分。对于自闭症儿童而言，他们的沟通能力存在质的不足，缺失了很多基本的沟通技能。《美国精神疾病诊断与统计手册（第五版）》（The Diagnostic and Statistical Manual of Mental Disorders，DSM-5）将自闭症谱系障碍的鉴定标准分为两个核心标准，即社交—沟通缺陷和限制重复行为，可见沟通技能的缺失是自闭症儿童的核心特征。自闭症儿童出现基本沟通能力低下主要表现为缺乏合适的沟通意图以及语言—言语能力不足。

有学者[2]认为婴儿与生俱来就有三种沟通的意图：（1）社会互动。引导他人注意自己，进而实现与他人的互动。（2）相互注意协调能力。引导他人注意，进而把自己所关注的事物和情绪与他人分享。（3）行为规范指调控约束他人行为，让自己获得某种利益。正是这些与生俱来的沟通意图，才促使人类社会形成了丰富的沟通功能，有效促成了合适生活维护方式。但自闭症儿童在和他人的沟通中，缺乏应有的回应，也很少将自己的兴趣、情感和情绪与他人分享，他们感受不到与他人沟通带来的快乐，缺乏合适的沟通意图，这直接导致他们无法在与他人的互动中采取合适的行为。

语言是人类沟通的主要工具，沟通的发展也应该包括语言能力的发展与丰富，但自闭症儿童在言语—语言技能上存在较为突出的发展异常和发展迟缓现象，一个很突出的表现便是，正常孩子在一岁左右就会发出单字了，但自闭症儿童的语言表达则要在3~6岁才出现，比普通儿童晚很多，有的研究甚至指出50%到59%的自闭症个体是无口语的[3]，甚至对于那些早期能够发展出一定语言的自闭症儿童来说，他们在词汇的习得与选取、语

---

[1] Perry A，Flanagan H E，Jennifer D G，et al. Brief report：The vineland adaptive behavior scales in young children with autism spectrum disorders at different cognitive levels[J]. Journal of Autism and Developmental Disorders，2009（07）：1066-1078.
[2] 吴进钦. 自闭症幼儿社会沟通能力发展之研究[D]. 嘉义：中正大学，2010：10.
[3] Alzrayer N，Banda D R，koul R K. Use of iPad/iPods with individuals with autism and other developmental disabilities：A meta-analysis of communication interventions[J]. Review Journal of Autism and Developmental Disorders， 2014（03）：179-191.

意的理解、语用（发起，维持，发展和结束沟通互动）等方面也都存在显著的落后。

二、自闭症儿童生活自理能力不足的原因

自闭症儿童生活自理能力不足的原因主要在于两方面，主要表现为自闭症儿童自身的缺陷及他人对其生活自理能力培养的重视不够。

（一）自闭症儿童自身的缺陷

自闭症儿童自身的发育障碍，导致其生活自理能力的发展受到负面影响。以自闭症儿童存在的如厕问题为例，由于他们在社会性情感互动能力上存在缺陷，导致他们在理解和享受社会关系上存在障碍。普通儿童之所以能够较为顺利地进行如厕，关键在于他们能够较为容易地接受如厕训练，因为他们懂得通过如厕技能的掌握来获取成人的肯定与赞美，也就是说他们具有掌握如厕技能的动机，但自闭症儿童由于信息整合的能力存在缺陷，无法有效猜测与理解他人的意图，也无法解释和预期他人的行为，导致他们难以理解如厕训练的相关指令，无法做出符合期待的行为，也不能顺利将注意力集中到如厕的一系列动作学习上。

（二）他人的不当养护方式

首先，家人出于怜悯心理，对自闭症儿童事事包办，导致自闭症儿童缺乏学习生活自理能力的机会。对于绝大多数家庭而言，孩子注定是家庭的中心人物，家庭的很大一部分资源都是花费在孩子身上，对于存在身心障碍的自闭症儿童而言，更加激起了家庭成员的怜悯和关爱情结，于是也就出现了一个问题，即不少自闭症儿童家庭出于减轻孩子负担的想法，家人都围着自闭症儿童，替孩子包办吃饭、穿衣等环节，殊不知这样的行为从根本而言，就是一种对孩子的过度爱护和保护，使得孩子成为温室里的花朵，完全不能承受生活的挑战，缺乏最基本的生活自理能力，比如不会独立吃饭、独立穿衣、独立如厕、独立打扫卫生、独立系鞋带等。

其次，家长缺乏耐心，不愿培养孩子的生活自理能力。比如不少家长上班忙碌，回家还要照顾自闭症儿童，于是他们怕麻烦，嫌弃孩子学习慢、动作笨拙，比如有的孩子自己洗手，不仅手没洗干净，还把衣服打湿了，父母要帮他们重新洗；孩子自己穿衣，把衣服穿反了，父母帮他们重新穿，耽搁了上班的时间；等等，因此父母也就自己给孩子包办了这些，殊不知

这导致孩子养成了依赖的习惯，而且生活自理能力越来越差。史茉莉[①]的研究也指出多数自闭症儿童的家长都认为一定要培养孩子的生活自理能力，但是就实际情况而言，儿童独立完成或由家长提供辅助的比例却不高，接近一半的家长都选择替孩子包办，这些孩子的生活自理能力的发展年龄均显著落后于生理年龄，并且滞后三岁左右，落后二到三个标准差。最后是家长、教师、康复人员只关注到对自闭症儿童的缺陷，比如言语与社交，进行补偿，而忽视了对其生活自理的技能进行培养。

---

① 史茉莉. 厦门市某特殊幼儿园孤独症儿童的生活自理问题及对策[D]. 西安：陕西师范大学，2015：1.

第二章 自闭症儿童生活自理能力的评估

第一节 评估概述

一、评估方法

(一) 多种方式相结合

生活自理能力的评估方法不是单一的,它需要多种方式的结合,比如问卷调查法、访谈法、个案研究法、观察法。事实上,多种方式的结合在于维持生活自理能力评估的全面性和可靠性。在这些方法中,问卷调查法是核心,因为它相对而言能够以科学化的方式将生活自理能力评估呈现出来,而且易于比较。但是单纯的问卷法有一些问题,一是问卷调查法本身容易使得研究结果流于表面化,不够深入,同时也可能过于强调研究者的学理设计,不一定能全面地将自闭症儿童的生活自理能力纳入考查,因为问卷作为研究者的设计,可能有的方面没有被考虑到。所以也就需要多种方法的结合。又如单独依靠访谈法与问卷调查也不一定可靠,因为问卷调查法和访谈法针对的对象往往是自闭症儿童的父母或者教师,而父母和教师由于担负对孩子的养育、教育责任,对自闭症儿童会有一些期待,又由于前期累积的倦怠心理,其对自闭症儿童生活自理情况的评价可能会出现偏颇,因此研究者还需要自己对自闭症儿童的生活自理能力进行详细、长期的观察。个案研究法的目的在于强调对个体在较长时间内进行连续的调查,以便充分把握自闭症儿童的生活自理能力现状。

因此,为了追求评估的科学性,我们在自闭症儿童生活自理能力的评估中,应该坚持以多种方法相结合,并且坚持长期考查的原则。

(二) 注重结构性访谈

对自闭症儿童的生活自理能力进行评估,需要强调结构性访谈,以体现收集资料的深度与丰富度。结构性访谈在自闭症儿童生活自理能力评估中的应用可以表现为:评估人员将量表或者问卷中的题目念给自闭症儿童的家长、老师听，并进行适当的交谈，并将结果整理为报告，以便深入收集了解情况，同时为了保证收集资料的准确性和全面性，访谈时还应该注意以下要求：

（1）只对了解评估对象的人进行访谈，要求这些人必须是自闭症儿童生活中的长期陪伴者或者照料者，比如养护家人和学校主要科任教师、班主任等。

（2）把握每个条目的确切含义和计分方法，这需要评估人员接受系统的评估培训，以便正确使用评估工具。

（3）在访谈的过程中，如果出现被访者无法提供部分信息的情况，应该进一步向其他知情者了解，以便获得完整的资料。

（4）判断各种信息的准确性，这要求评估人员在访谈的过程中，可以就同一问题对多位对象进行访谈，以印证资料的准确性。如果评估人员对自闭症儿童的情况十分了解，也可以直接使用相关量表对自闭症儿童的生活自理能力进行评估。

二、评估的类型

依据不同的标准，可以将自闭症儿童生活自理能力的评估分为不同的类型。

（一）常模参照评估与标准参照评估

在自闭症儿童生活自理能力的评估中，按照评估所参照的标准不同，可以将其分为常模参照评估和标准参照评估。

1. 常模参照评估

自闭症儿童生活自理能力的常模参照评估指的是把自闭症儿童的生活自理能力的分数与常模标准进行比较，从而判断某个体性自闭症儿童的生活自理能力在常模所代表团体中的相对位置。

由于自闭症儿童生活自理能力的常模参照评估关注的是个体生活自理能力所处的相对位置，因此评估的结果往往与常模衡量标准有关，换言之，如果常模团体变化了，与之对应的常模参照评估也会变化。例如，某个自闭症儿童的生活自理能力与水平差的常模团体比较可能会被认为较高，但与水平高的常模团体相比可能被认为比较差。因此，为了准确判断和解释自闭症儿童的生活自理能力，评估者一定要了解常模团体实际的生活自理能力水平，选择那些具有合适代表性的常模。

在自闭症儿童生活自理能力的评估中，常模参照测验通常用于筛查自闭症儿童群体，比如可以从生活自理能力的角度筛查个案是否可能属于发展障碍，也可以用于评价自闭症儿童生活自理能力干预提升计划的实施效果。

2. 标准参照评估[①]

标准参照评估，又称校标参照评估，是指将被评估者所得的分数与某个标准进行比较，从而判断他是否通过了这个标准。这里的标准指的是评估前预先设定的某个学习内容的掌握标准。标准参照评估关心的是个体对特定学习内容的掌握与标准之间的差异程度。它按绝对掌握水平来测量个人的某些技能的发展，即相对于一定的标准个人所达到的水平。评估者不将被评估者与其他人进行比较。因标准参照评估中的标准常常直接来自教学目标，又是比较固定的，所以，这类评估的结果不像常模参照评估那样容易变化。

标准参照评估常用于诊断个别自闭症儿童在哪些具体的生活自理领域比较强，哪些领域比较弱，为制定补救计划提供参考依据。

3. 常模参照评估与标准参照评估的对比[②]

常模参照评估与标准参照评估都有各自的优缺点。在进行筛查、鉴别、教育安置或教育评价时，常模参照评估优于标准参照评估，因为它提供了一个将被评估者与他人进行比较的机会。但是，在制定教学计划时，标准参照评估优于常模参照评估，因为标准参照评估的内容与具体的教学目标有直接的联系。对这两类评估方式在自闭症儿童生活自理能力方面更细致的比较见表2-1和表2-2。

表2-1 常模参照评估与标准参照评估的对比

	常模参照评估	标准参照评估
优点	能从生活自理能力的角度对自闭症儿童进行一定的分类 可以按一定的比例筛选个案 显示该自闭症儿童的生活自理能力与其他儿童相比较所处的地位	能对自闭症儿童进行个别评估 能诊断自闭症儿童的生活自理能力困境 能显示自闭症儿童对已有干预方案的学习情况 可证明自闭症儿童所拥有的生活自理能力水平 各等级的儿童没有固定的比例

---

① 韦小满．特殊儿童心理评估[M]．北京：华夏出版社，2006：27-28．
② 韦小满．特殊儿童心理评估[M]．北京：华夏出版社，2006：28．

第二章 自闭症儿童生活自理能力的评估

续表

	常模参照评估	标准参照评估
缺点	只能表明与其他儿童相比该自闭症儿童生活自理能力的相对水平 由于分数不说明掌握生活自理能力的情况，所以难以对分数做出明确的解释 会减轻家长的压力，对那些和别的孩子比较就感到痛苦的自闭症儿童家长尤其如此 所花的时间一般比较长	能表明自闭症儿童学会了哪些生活自理能力，但不知道他与同伴或者正常儿童相比，其相对地位 有时难以用简短的方式解释测验结果

表 2-2 两类评估报告格式的比较

姓名：XX　　　　年级：　　X　　　　学年：YYYY－YYYY 年

常模参照评估		
领域	成就水平	努力程度
睡眠		
饮食		
如厕		
穿衣		
沟通		
适应功能		
成就水平编码	努力程度编码	
1＝高于年级水平 2＝处于年级水平 3＝低于年级水平 P＝合格 F＝不合格	1＝高于平均水平 2＝平均水平 3＝低于平均水平	

标准参照评估		
饮食概念		通过日期（**85%的精熟度**）
A.独立进食		10/21
B.不挑食、不厌食等		10/26
如厕概念		
A.正确地点如厕		10/1
B.便后冲水等		10/13

（二）正式评估与非正式评估

按照在自闭症儿童生活自理能力评估中是否使用了标准化测验来收集资料，可以将其分为生活自理能力的正式评估与非正式评估两大类。

1. 正式评估

正式评估，是指运用高度标准化和形式化的测验或其他辅助方法来收集相关资料，从而对自闭症儿童的生活自理能力特征、发展水平及存在问题做出判断和解释的过程，正式评估追求严格性、标准性与证据性。

正式评估一般要按照标准化的程序来实施，其基本步骤如下：

第一步，编制或选取符合评估目的自闭症儿童生活自理能力标准化测验工具。

第二步，对被试施测。

第三步，将施测所得的分数与常模进行比较，以了解个案的相对位置。

第四步，将标准化测验所得的结果与观察、访谈等进行对比与补充，验证标准化测验的可信度及保证测验的完整度。

第五步，基于评估结果，提出合适的教育决策等。

2. 非正式评估

非正式评估是与正式评估相对应的一个概念，泛指一切标准化测验以外的其他种类的评估形式，比如常用的观察法、访谈法等。

非正式评估没有正式评估那样明显的严格性和苛刻性，但我们不能因此怀疑其效用，在很多方面非正式评估因其简洁性和便利性，恰恰更容易为多数人所掌握。比如语言治疗师只要和来访者进行一些简单的交流，就可以知道来访者的沟通能力水平。再如，不少自闭症儿童的家长只要凭借自己的观察，就能够比较清楚地知道孩子的穿衣、饮食等能力。这些评估方式都属于非正式评估。事实上，非正式评估可以为专业人员提供很多有价值的信息，与正式评估形成了良好的互补关系。

3. 非正式评估与正式评估的比较

正式评估与非正式评估有许多不同的特点，主要表现在如下方面。

（1）对实施情景的要求不同。一般来说，对自闭症儿童生活自理能力的正式评估是在比较结构化、严格控制的情景中进行的，其目的是要保证评估时不受一些无关情景因素的干扰，比如来自父母对孩子的一些无意干预、暗示等。而自闭症儿童生活自理能力的非正式评估通常在比较自然、较少实验控制的情景中进行，例如，在自闭症儿童所在的学校、家里等场所实施评估。虽然非正式评估的情景不如正式评估那么标准化，但是这并不意味着非正式评估就不可取，恰恰在这种非正式的、生活化的情景中评估人员可以观察儿童在比较自然、无控制的环境中所表现出来的生活适应行为，而且本身生活自理能力也是在自然情景下发挥作用的。

（2）存在评估技术及灵活性的差异。生活自理能力的正式评估强调以标准化的测验作为收集资料的主要工具，这些工具是运用一系列的测量技术编制而成，有着严格的程序，比如涉及题目的取样、试测、信度和效度检验、常模的制定、标准化等问题，比如 AAMR 适应行为量表、中华适应行为量表等。而建立在诸如观察、访谈等基础上的非正式评估很少有关于信度、效度和常模方面的检验，更多的是建立在专业评估人员的个人丰富经验以及参考一定的理论的基础上形成的。当然，由于以心理计量取向作为基础的实证科学主义的盛行，因此和正式评估相比，非正式评估的结果不是很容易让一些专业人士信服。

同时在自闭症儿童生活自理能力的评估中，正式评估有着严格的操作程序，比如要求评估者在评估前接受专业的培训，严格按照工具上的题目进行施测，并熟悉记分方法以及常模标准等，但是非正式评估则比较灵活，评估人员可以根据自己的需要对评估活动进行一定的安排，甚至可以结合实际情形和自己的灵感，添加一些题目。

（3）在结果的呈现上存在差异。在生活自理能力的评估中，正式评估和非正式评估在结果的呈现上是存在差异的。通常而言，使用正式的评量工具，其结果的呈现是以心理计量的统计术语进行的，比如均值、标准差等，而且多采用三线表的形式进行。但是在非正式评估中，结果的呈现并无一定的标准格式，带有比较强的个人风格，不采用表格，更多的是描述的表达方式，当然非正式评估的结果呈现方式也有一些要求，比如简洁直观，能够突出研究或观察的重点内容，有事实支撑等。

（三）筛查性评估、诊断性评估、处方性评估

在自闭症儿童生活自理能力的评估中，依据评估的功能不同，可以分为筛查性评估、诊断性评估、处方性评估。

1. 筛查性评估

筛查性评估以生活自理能力的筛查为目的，一般用于确定某个学校或者地区有没有与总体相比存在生活自理能力发展显著异常或迟滞的自闭症儿童。如果筛查出"生活自理能力异常的自闭症儿童"，监护人和教师就应该寻求更加专业的人员进行进一步的诊断。

2. 诊断性评估

诊断性评估用于对生活自理能力可能异常的自闭症儿童进行深入的诊断，以分析其生活自理能力发展不足的具体情况。

3. 处方性评估

自闭症儿童生活自理能力的处方性评估，是一种注重以矫正为目的的评

估方式，通常用于为自闭症儿童制定适合其身心发展特征的生活自理能力提升方案，比如，专业人员对某个自闭症儿童实施一项正式的生活自理能力评估，然后依据评估的结果为其设计生活自理能力训练的方案（见表2-3）。

表2-3 筛查性评估、诊断性评估、处方性评估的对比

生活自理能力评估		
筛查性评估	诊断性评估	处方性评估
筛查生活自理能力异常的自闭症儿童	在筛查的基础上，进一步明确自闭症儿童生活自理能力局限的具体情况	以诊断为手段，为自闭症儿童制定生活自理能力提升的矫正计划

三、评估的原则

在自闭症儿童生活自理能力的评估中应该坚持如下原则：

（1）坚持正式评估与非正式评估的结合。评估者在评估自闭症儿童生活自理能力的过程中，应该坚持正式的量表评估与非正式的观察和访谈评估相结合。单纯的非正式评估，比如观察、访谈等，主观性较强，而正式的生活自理能力量表，又存在评量深度有限的问题，因此对自闭症儿童进行评估应该将正式评估与非正式评估结合起来。

（2）坚持评估主体的多样化。为了确保针对自闭症儿童生活自理能力评估的全面性和准确性，应该成立一个组成人员多样化的评估小组，这个评估小组的人员应该包括自闭症儿童的教师、特殊教育专家、心理学工作者、医生及儿童家长。在评估前，评估小组的成员应该统一和明确评估的程序及注意事项。

（3）坚持科学严格的实施程序。为了保证评估的有效，在自闭症儿童生活自理能力的评估中，应该遵循一系列严格的程序，包括准备阶段要明确评估的目的、了解评估对象的情况以及设计评价方案；测评阶段要由多位人员采用多种方式获取自闭症儿童生活自理能力的相关信息；综合评定阶段要由测评小组成员一起探讨，对评价资料进行整理，得出最终的结论，并厘定评估报告；在评估结果的应用阶段，要依据评估的结果，制定个别化的教育计划。

四、评估资料的运用

自闭症儿童生活自理能力评估的用途主要在于个别化教育计划的制定和教学效果的评价等。

在制定自闭症儿童的个别化教育计划时，个体的生活自理能力是一项重要的内容，这也就涉及对其的评估。实际上，在为自闭症儿童制定个性

化教育计划时,不仅需要关注其学习状况,还应该关注其生活的适应情况,比如进食、饮水、穿衣等方面的发展水平及面临的缺陷,以便寻找到综合化有意义的教育训练起点、方式和方法以及预期的目标等。

在为自闭症儿童提供生活自理能力的训练后,需要关注训练的效果,这时也就需要对生活自理能力进行再次的评估,依据评估结果判断自闭症儿童的生活自理能力在经过一段时间的训练后是否得到了提升,并为进一步的训练提供依据。

五、评估的问题

关于自闭症儿童生活自理能力的研究已经取得了不小的进步。然而在如何处理评估的信度和效度、生活自理能力量表和问卷的适宜性等问题上目前还存在一些争议。

(一)如何处理评估的信度和效度

信度和效度是自闭症儿童生活自理能力评估必须回答的问题,它们决定了评估的可靠性。在自闭症儿童生活自理能力的评估中,评估的人员状态、评估环境、被评估者的状态等因素都影响着评估的结果可靠性。

如果评估人员和参与评估的自闭症儿童的精神状态不集中,评估环境嘈杂,势必得出不利的结论。再者,评估人员为了追求评估结果的可靠性,往往会在标准化的、排除干扰的环境下施测,但是测量出的结果往往远离了现实情境,生活自理能力本就应该是在复杂多样生活情境下的自然应对能力,从这一角度而言,在理想化场景下测验的生活自理能力结果是否偏离了生活质量能力回归常态生活的诉求?又或者如果在随意化场景中进行非正式施测,那么影响测量结果的无关因素太多,又将无法回答信度一致性的问题;如果评估工具尽管较为知名,但年代较为久远,会使得其不能恰当反映出被测者生活自理能力,比如正确使用手机和一些基本的电子设备是当今时代必备的生活技能,这应该成为生活自理能力的指标,但一些年代较为久远的评估工具则没有这一指标,如果纯粹运用这些知名但年代久远的评估工具,就不具有合适的效度。

因此,基于上述分析,我们建议在生活自理能力评估中需要注意以下问题:

(1)要谨慎解读评估结果,将评估结果与被试的多种日常生活行为表现结合对照,进而再作出结论,而且结论的形成一定要提前告知监护人,征询他们的认同。

（2）要谨慎选用评估工具，如有需要，可以对已较为知名的评估工具进行本土修订，增补或删除部分不合适题项，但仍需进行一定的信效度分析，确保修订版评估工具能被计量心理学专业人士接受。

（二）关于自闭症儿童生活自理能力评量的类属指向问题

在目前的自闭症儿童生活自理能力评量中，缺乏专门针对自闭症儿童生活自理能力的评估工具，更多的是采用一些被研究证实可以用于特殊儿童生活自理能力评量的工具。但不少研究都支持一种结论：相比其他障碍类型儿童，自闭症儿童往往会表现出更多的行为障碍[1]，因此也就可能出现一种情况，自闭症儿童的生活自理能力的细化指标要求相比其他障碍类型的儿童会存在一定的差异，比如更加侧重于儿童交流障碍、改正刻板行为等方面。所以这也就带来了一个问题，即强调广义上对特殊儿童生活自理能力进行评量的工具需要被修正，我们需要结合自闭症儿童的生理、心理发展状况，以生活适应为导向，编制针对自闭症儿童的生活自理能力评量工具。

（三）关于生活自理能力评估的文化性问题

从本质上说，生活自理能力关注的是个体对其所生活社会要求的一种回应能力。因此也就涉及一个根本性的问题，即生活自理能力一定涉及个体所处社区的文化特征，也就意味着不同的文化背景，对于个体的生活自理能力要求不一致，比如在非洲的某些地方，人们习惯于用头顶物品，进行一些人工搬运，那么这里对于孩子的生活自理能力的要求里面就会有这一项，但是在中国，人们就不习惯用这种方式，而是用手搬运物体，如果中国的儿童用头顶物品，则可能会被认为是不当的；又如西方社会对于沉默的看法比较否定，会比较崇尚个人主义和发表自我的看法并对权威进行挑战，因此他们的生活自理能力评定会比较关注自闭症儿童的自我决定意识，并且给予肯定，但在以儒家文化为根基的中国和日本，则会相对赋予沉默一些沉稳或者关注集体主义的积极色彩，在自闭症儿童生活自理能力评估中也就会倾向于鼓励自闭症儿童关注到他人的需求。

因此，这也就告诉我们，在使用生活自理能力的评量工具时，一定要

---

[1] Meral B F, Cavkaytar A, Turnbull A P, et al. Family quality of life of turkish families who have children with intellectual disabilities and autism[J]. Research and Practice for Persons with Severe Disabilities，2013（04）：233-246.

注意到文化的适宜性，比如我们在引进国外的相关量表对国内的自闭症儿童进行生活自理能力评估时，一定注意到该量表是否有与中国文化情景不一致的地方，如果有就要考虑在不影响原量表信效度的情况下进行一定的调整，比如国外的生活自理能力量表对于饮食方面的考查，往往会要求会使用刀叉，但引入国内，就需要把刀叉改为筷子。

当然，在自闭症儿童生活自理能力评估时，最好能够结合本土情景开发出一些评量工具。目前国内本土化的且经过了严格心理测量检测的自闭症儿童生活自理能力评量工具还比较欠缺，更多的是使用国外的一些适应行为评定量表，所以今后还需要进一步开发中国本土的自闭症儿童生活自理能力评定工具。

（四）关于生活自理能力评估的年龄问题

在自闭症儿童生活自理能力的评估中，我们需要关注到评估对象的年龄，根据其年龄段的不同，决定不同的生活自理能力评量工具和内容。针对年幼的儿童，对其生活自理能力要求主要表现为满足基本的生活需要，比如进食、如厕、清洁等，但对于年长的儿童，则会要求他们具备与他人进行合适沟通交流等比较社会化的能力。这也就告诉我们在对自闭症儿童进行生活自理能力评估时，要考虑到他们的年龄，去选择不同的评估内容。当然何种年龄段的自闭症儿童应该具备何种生活自理能力，目前还缺乏一个统一的标准。这要求一是我们今后应该研究这一标准问题。二是在实践中，评估人员在现有标准不明确的情况下，可以充分从儿童发展心理学、教育心理学、自闭症儿童心理行为特点等方面入手，发挥团队力量，集思广益，处理好自闭症儿童生活自理能力评估与年龄的问题。

第二节　评估工具

在自闭症儿童生活自理能力的评估工具方面，目前主要可以分为两种取向，一是使用相关适应行为量表，比如王永丽、林崇德等人编制的《儿童社会生活适应量表》，韦小满等编制的《儿童适应行为量表》，尼海拉等人编制的《AAMD适应行为量表》和斯帕罗等人修订的《文兰适应行为量表》，姚树桥和龚耀先编制的《儿童适应行为评定量表》等。二是直接采用自编的相关的"生活自理问卷"。

一、适应行为量表

（一）中华适应行为量表

参照美国精神缺陷协会于1992年颁布的适应行为的定义，台湾学者徐享良于1994年编制了《中华适应行为量表》[①]。该量表既可针对特殊儿童，又可针对普通儿童，涵盖了沟通能力、自理能力、居家生活、社会技能、社区活动、自我指导、安全卫生、实用知识、休闲活动、职业活动十个方面。因该量表涵盖了自理能力部分，同时又可针对特殊儿童，所以将其引入自闭症儿童生活自理能力的评定工具之列，该量表将自理能力界定为四个方面：饮食、穿脱衣服、个人卫生、生活习惯。

1. 施测和记分方法

该工具属于典型的评定量表，即由熟悉受测者的他人填写，生活自理能力部分采用五级记分法，以行为出现的频率来记分，比如：从不出现该行为、很少出现该行为、偶尔出现该行为、时常出现该行为、经常出现该行为分别记为0、1、2、3、4。

再将生活自理部分分量表的各个题目分数加起来可得到原始分数，然后把原始分数转化为百分等级或标准分数，然后参照常模评分标准，即可知道结果的解释（见表2-4）。

表2-4 中华适应行为量表适应行为水平的部分分级标准[②]

标准分数	百分等级	分级标准
130以上	98以上	非常优良
120~129	91~97	优良
110~119	75~90	中上
90~109	26~74	中等
80~89	10~25	中下
70~79	3~9	发展迟缓
69以下	2以下	发展极度迟缓

2. 信度和效度

《中华适应行为量表》具有良好的信效度。信度方面，包括生活自理能力在内的多个维度的信度系数（克伦巴赫α系数）达到了0.90及以上。

---

① 韦小满. 特殊儿童心理评估[M]. 北京：华夏出版社，2015：277.
② 韦小满. 特殊儿童心理评估[M]. 北京：华夏出版社，2006：278.

效度方面，包括生活自理能力在内的多个维度的平均数得分随着被试年龄的增长而增加，符合理论构想，有研究者选取了 1289 名普校学生和 495 名特殊儿童对该量表进行测验，发现两组学生的各维度得分均值达到了 0.001 水平的显著差异，表明具有良好的校标关联效度[1]。因此，该量表的信效度均达到了统计学的要求。

3. 评价

该量表是目前中国台湾地区标准化程度最高的适应行为量表[2]。因为参照了 AAMD 的适应行为理论，因此具有足够的理论完备性，同时又由于参考了其他大量优良的适应行为量表，又具有足够的创新性与全面性，也具有良好的内容效度。实际检验也表明，该量表各项统计指标良好，符合心理测量学的要求，同时该量表也详细地记载了适用说明和各项常模标准，便于使用。

（二）儿童适应行为量表[3]

《儿童适应行为量表》是由我国学者韦小满在参照 ABS-SE（《AAMD 适应行为量表》）的基础上制定的，该量表主要由两部分组成，分别涵盖了一般适应能力（动作发展、语言发展、生活自理能力、居家与工作能力、自我管理和社会化）和不良适应行为（攻击行为、反社会行为、对抗行为、不可信赖行为、退缩、刻板与自伤等）。该量表适用于 3~16 岁的儿童，由于其中涵盖了生活自理能力部分，所以我们直接将该量表中的生活自理部分援引为自闭症儿童生活自理能力的评估工具，当然韦小满教授也为该量表制定了特殊儿童的常模。在生活自理能力部分，主要涵盖了如下方面：

（1）饮食。第一，主要考查儿童对于餐具的使用情况，比如是否能熟练使用筷子、调羹进食等。第二，主要考查儿童获取制作各种食物的情况，比如是否能够做简单的饭菜以及购买或者讨要食物等。第三，主要考查儿童喝水或饮料的情况，比如是否能够独立喝水、倒水等。

（2）大小便。主要包括自闭症儿童是否能够正常完成完整如厕的一系列动作等方面。

（3）衣着。考查儿童穿衣脱衣、穿鞋脱鞋、衣着打扮方面的能力。

（4）个人卫生。主要考查儿童洗脸洗手、洗澡、洗头、刷牙、换洗衣

---

[1] 韦小满. 特殊儿童心理评估[M]. 北京：华夏出版社，2006：278.
[2] 同上.
[3] 同上.

服、剪指甲等方面的能力。

（5）睡眠习惯。考查儿童是否具有睡前主动脱衣、不尿床、根据天气添加被褥等方面的习惯能力。

（6）外出。考查儿童对外出方位判断和交通工具等的合理选择情况。

（7）综合自理能力。主要考查儿童拨打接听电话、保护自己（比如躲避传染病、自己去卫生所或医院看病等）等方面的能力。

1. 施测和记分

该量表的施测程序和记分方法与 ABS-SE 相似，即由测试人员把题目逐条念给受测者的父母或老师听，根据回答，对受测者的行为表现给出评定。在记分时，测试人员需要将总分及各领域的原始分数转化为百分等级和标准分数，进而判断受测者在各领域的能力高低情况。

2. 信度和效度

该量表具有良好的信效度指标。在信度方面，依据克伦巴赫 α 系数的检验结果显示：第一部分一般适应能力基于三种常模群体（智障儿童、城市儿童、农村儿童）的信度系数在 0.86~0.93 之间，第一部分各个分量表（动作发展、语言发展、生活自理能力、居家与工作能力、自我管理和社会化）的信度系数在 0.65~0.93 之间。另外家长和老师对 58 名智障学生的评价显示，二者的一致率达到了 90%，说明该问卷的评分者信度较高；在效度方面，作者做了对智力障碍儿童和普通儿童在各分量表上的得分的差异性检验，结果显示，大多数分量表对这两类儿童都有较强的区分能力，具有良好的区分效度。

（三）文兰适应行为量表

《文兰适应行为量表》(Vineland Adaptive Behavior Scales, VABS) 是由斯帕罗（S.S.Sparrow）等在对《文兰适应行为量表》的基础上进行修订而成，该量表目前在生活自理能力、适应行为评定中广泛应用。该量表的调查对象为 0~18 岁的儿童青少年，也适用于自闭症儿童[1]，共由三套表构成，分别是：第一套为调查表，用于评估个体的一般适应能力；第二套为扩展表，用于评定个体更广泛、具体的适应行为；第三套为课堂评定表，用于评定儿童在课堂环境中的适应行为。上述三套表都涉及个体的沟通、

---

[1] 张梁, 郭文斌, 王庭照. 文兰适应行为量表的发展及应用[J]. 现代特殊教育, 2017 (22): 24-31, 38.

第二章　自闭症儿童生活自理能力的评估

日常生活技能、社会化及技能方面[1]。

1. 施测和记分[2]

该量表的施测主要采用半结构性访谈，即由熟悉受测者的家长、老师和护理人员等给评估人员提供相关信息，由评估人员最终完成施测。在记分方面，多数条目主要为3点记分法，即如果受测者完全不具有或几乎不表现出某种能力，则记为0分；如果是偶尔表现出某种能力或者只表现出部分能力，则记为1分；如果经常表现出某种能力，则记为2分。当然有小部分条目只按照0或2记分。在结果的解释上，我们需要把量表总分和各领域的原始得分转化为标准分数、百分等级和年龄当量。如果量表总分和各领域的原始得分相较于平均分（平均数＝100）高出2个标准差（标准差＝15），那么代表个体的适应水平高；如果高出平均分1~2个标准差，表示适应水平较高；在平均分上下1个标准差之间，适应水平则为适中；低于平均分1~2个标准差，适应水平较低；低于平均分2个标准差，适应水平则为低。

2. 常模抽样

编制者对《文兰适应行为量表》的调查表、课堂评定表、扩展表在美国本土制定了常模，常模样本共3000名，年龄范围分布为0~18岁之间，还针对特殊人群（智力障碍成人、情绪障碍儿童、诗句障碍儿童、听觉障碍儿童等）制定了常模[3]。当然，目前针对《文兰适应行为量表》的中国本土的标准化运用和研究还需进一步加强[4]。

3. 信度和效度

从文兰适应行为量表手册来看，《文兰适应行为量表》总体上具有较好的信效度[5]（除个别维度，比如社会化领域的评分者信度系数较低[6]），《文

---

[1] Oakland T，Houchins S. A review of the vineland adaptive behavior scales，survey form[J]. Journal of Counseling & Development，1985（09）：585-586.
[2] Harrison P L，etal. Vineland Adaptive Behavior Scales Performance of EMR and TMR Children[J]. Adaptive Behavior，1990.
[3] 王辉. 特殊儿童教育诊断与评估[M]. 南京：南京大学出版社，2007：5.
[4] 张梁，郭文斌，王庭照. 文兰适应行为量表的发展及应用[J]. 现代特殊教育，2017（22）：24-31+38.
[4] Harrison P L，etal. Vineland adaptive behavior scales performance of EMR and TM R children [J]. Adaptive Behavior，1990（04）：12.
[5] 韦小满. 特殊儿童心理评估[M]. 北京：华夏出版社，2006：288-294.
[6] Stevens F I. Vineland adaptive behavior scales：classroom edition[J]. Journal of Counseling & Development，1986，65（02）：112-113.

兰适应行为量表》及其修订版已被记录为评估适应行为技能最有效和最可靠的工具之一[1]，并且广泛用于自闭症群体[2]。

4. 评价

《文兰适应行为量表》作为目前通用范围较广的个体适应性量表，可用于系统地评估个体从出生到18岁的适应性行为，而且该量表适应跨文化情景，我国台湾学者吴武典、卢台华等对1984年版的《文兰适应行为量表》进行了修订，并对其进行了标准化，建立了台湾地区常模。同时研究报告了该量表的信效度，总量表的分半信度在0.91至0.99之间，显示出该量表具有良好的内部一致性[3]。在我国大陆地区本土运用方面，还存在运用版本不更新，存在一定的滞后性等问题，还需要结合本土引入新版本的量表[4]。

（四）文兰适应行为量表台湾修订版

我国台湾学者吴武典等在《文兰适应行为量表（第一版）》的基础上，进行改编修订，制定了《文兰适应行为量表（修订版）》，该量表一共包含242个条目，涵盖4个领域，其中沟通领域主要反映儿童的语言理解、表达和阅读及书写能力。日常生活技能领域主要反映儿童进食、穿衣、个人卫生、做家务、走出家庭和面对社会的能力。社会化领域主要反映儿童如何与他人进行互动和交友、玩耍并利用休息时间、遵守规则和展现责任感的能力。运动技能领域反映儿童的大运动和精细运动能力。[5]

该量表作为中文版，有较好的信效度，而且也制定有常模，有专门的使用手册，方便施测[6]，同时能够针对一般儿童、各类特殊儿童，在台湾地区使用广泛，计分仍采用0、1、2三级标准，2分指预期行为经常出现，1

---

[1] 韦小满. 特殊儿童心理评估[M]. 北京：华夏出版社，2006：288-294.
[2] Balboni G, Pedrabissi L, Molteni M, et al. Discriminant validity of the vineland scales: score profiles of individuals with mental retardation and a specific disorder[J]. American Journal of Mental Retardation, 2001（02）：162-172.
[3] 张梁，郭文斌，王庭照. 文兰适应行为量表的发展及应用[J]. 现代特殊教育，2017（22）：24-31，38.
[4] Kasari C, Gulsrud A C, Wong C, et al. Randomized controlled caregiver mediated joint engagement intervention for toddlers with Autism[J]. Journal of Autism and Developmental Disorders, 2010（09）：1045-1056.
[5] 张梁，郭文斌，王庭照. 文兰适应行为量表的发展及应用[J]. 现代特殊教育，2017（22）：24-31，38.
[6] 张颖，唐心蕊，鲁萍等. 低功能孤独症谱系障碍患儿适应性行为的研究[J]. 中国儿童保健杂志，2019（09）：994-996，1001.

分则是偶尔出现，0 分则指从未或极少出现。

（五）婴儿—初中学生社会生活能力量表[①]

《婴儿—初中学生社会生活能力量表》由北京医科大学左启华、张志祥等人修订，其评定对象为 6 个月至 15 岁的儿童。该量表分为 6 个分量表，分别是：（1）独立生活能力（Self-Help）：包括进食、衣服脱换、穿着、个人和集体清洁卫生情况（洗澡、洗脸、刷牙、梳头、剪指甲、打扫和装饰房间等）。（2）运动能力（Locomotion），包括走路、上阶梯、过马路、串门、外出玩耍、到经常去的地方、独自上学、认识交通标志、遵守交通规则、利用交通工具到陌生地方去等。（3）作业（Occupation）：包括抓握东西、倒牛奶、使用电器、煤气炉、烧水、做饭菜等。（4）交往（Communication）：包括叫名点头、交谈、打电话等。（5）参加集体活动（Socialization）：包括做游戏、同小朋友一起玩、参加班内值日、校内外文体活动、组织旅游等。（6）自我管理（Self-Direction）：包括总想自己独自干、不随便拿别人东西、独自看家、按时就寝、控制自己不提无理要求、不说不应该说的话、有计划买东西、关心幼儿和老人、注意避免生病、独立制定学习计划等。

该量表可以用于特殊儿童适应行为的评定[②]，因此可以作为自闭症儿童生活自理能力的评定工具之一，尽管该量表是在日本《婴儿—初中学生社会生活能力量表》的基础上修订，但日本与我国民族特征比较接近，同时改编者也考虑到了两国经济文化和教育发展水平的差异，进行了一定的改编，因此从指标的适切性来看，该量表还是比较适合我国国情的[③]。

（六）孤独症儿童发展评估表

《孤独症儿童发展评估表》由中国残疾人联合会康复部在参考香港协康会编制的《儿童发展评估量表》和《自闭症儿童训练指南》的基础上制定的，适

---

① 张梁，郭文斌，王庭照. 文兰适应行为量表的发展及应用[J]. 现代特殊教育，2017（22）：24-31，38.
① 张致祥，左启华等. "婴儿—初中学生社会生活能力量表"再标准化[J]. 中国临床心理学杂志，1995（01）：12-15，63.
② 王娜. 智力落后儿童的适应行为及其与父母教养方式、同伴关系的相关研究[D]. 北京：首都师范大学，2006.
③ 张致祥，左启华等. "婴儿—初中学生社会生活能力量表"再标准化[J]. 中国临床心理学杂志，1995（01）：12-15，63.

自闭症儿童生活自理能力训练的理论与实践

用于年龄在0~6岁，能力与发展处于学前阶段的孤独症及其他广泛发育障碍儿童。由感知觉、粗大动作、精细动作、语言与沟通、认知、社会交往、生活自理以及情绪与行为八个领域组成，在对孤独症儿童的生活自理能力继续评定时，可以使用《孤独症儿童发展评估表》里面的生活自理领域。生活自理领域由67个项目组成，分别涵盖了自闭症儿童的进食、如厕、穿衣、梳洗、睡眠以及其他日常家居能力这几个方面的能力情况。

1. 量表主要构成情况

在进食方面，主要考查孤独症儿童的吮吸、合唇、喝、咀嚼、进食方式方面的能力。合唇评估的是儿童吃汤匙里面食物的能力。喝考查的是儿童使用杯子和吸管、汤匙饮水的能力。咀嚼考查了儿童对软、硬固体食物的咀嚼能力。进食方式主要考查儿童使用刀、筷子、叉子、汤匙等工具切食及进食的能力，以及使用水壶倒水和撕开食物包装袋的能力；在如厕方面，主要考查孤独症儿童表达如厕意愿和掌握的如厕技能两方面的能力。表达如厕意愿的考查涵盖了手势、图画、语言等方式。如厕技能考查了自闭症儿童分辨男女厕所、脱裤、到指定地方排便、擦屁股、穿裤、清洁等如厕相关环节的能力；在穿衣方面，主要考查自闭症儿童穿衣和脱衣两方面的能力。穿衣能力涵盖了自闭症儿童穿脱长衣、长裤、袜子和拉拉链，解纽扣等的能力；在梳洗能力方面，主要考查自闭症儿童擦、刷、洗、梳头发的能力。其中擦主要考查自闭症儿童使用毛巾擦脸、手、嘴的能力。刷主要考查自闭症儿童用牙刷刷牙和用清水漱口的能力。洗主要考查洗脸、独立洗澡、洗并拧干毛巾及用肥皂洗手的能力；梳头发主要考查自闭症儿童独立用梳子整理自己头发的能力；在睡眠方面，主要考查自闭症儿童睡眠的安稳性、是否安静且有规律和不尿床方面的情况；在其他日常自理能力方面，主要考查自闭症儿童在物品归位、开关、收拾餐具方面的能力。在物品归位上，考查了自闭症儿童对自己的玩具、鞋袜、外套、相关物品放在固定且合适地方的能力。在开关上，考查了自闭症儿童开关门和电灯的能力。在收拾餐具上，考查了自闭症儿童完成餐具收拾整理的一系列环节能力，包括饭前摆放餐具、饭后收拾碗筷、洗碗。

2. 量表使用简介

该量表的评估主要分为三次，第一次是为制定康复训练目标进行的基线评估，第二和第三次是对康复训练的效果进行阶段评估。评分方法：分为四级评分，即通过（P），记为1分，表示儿童在没有示范和协助的情况下，能独立完成某项目。中间反应项（E），不计分，表示儿童虽然未能独立完成某项目，但具有所要求动作的意识，或在协助、重复指示和示范后，能尝试完成某项目，中间反应项可直接转化为个别反应项的训练目标，但不作为统计项。不通过（F）计0分，表示即使有示范或协助，儿童也不能完成某项目。X不计分，表示某个项目不适合测试儿童。评量结束后，需要将评估结果转化到"孤独症儿童发展情况剖面图（见图2-1）"。首先，将自闭症儿童在生活自理领域通过项目（P）得分相加得到通过分，然后在"孤独症儿童发展情况剖面图"自理线上找到对应的位置，并做上标记，这就表示自闭症儿童的生活自理实际发展情况。其次，统计出自闭症儿童在生活自理领域中间项（E）的数目，将得到的中间项总数目加上通过项（P）的总数目得到自闭症儿童在生活自理领域的总数目，然后标记到"孤独症儿童发展情况剖面图"自理线上对应的位置，也就找到了自闭症儿童生活自理能力训练的目标点。

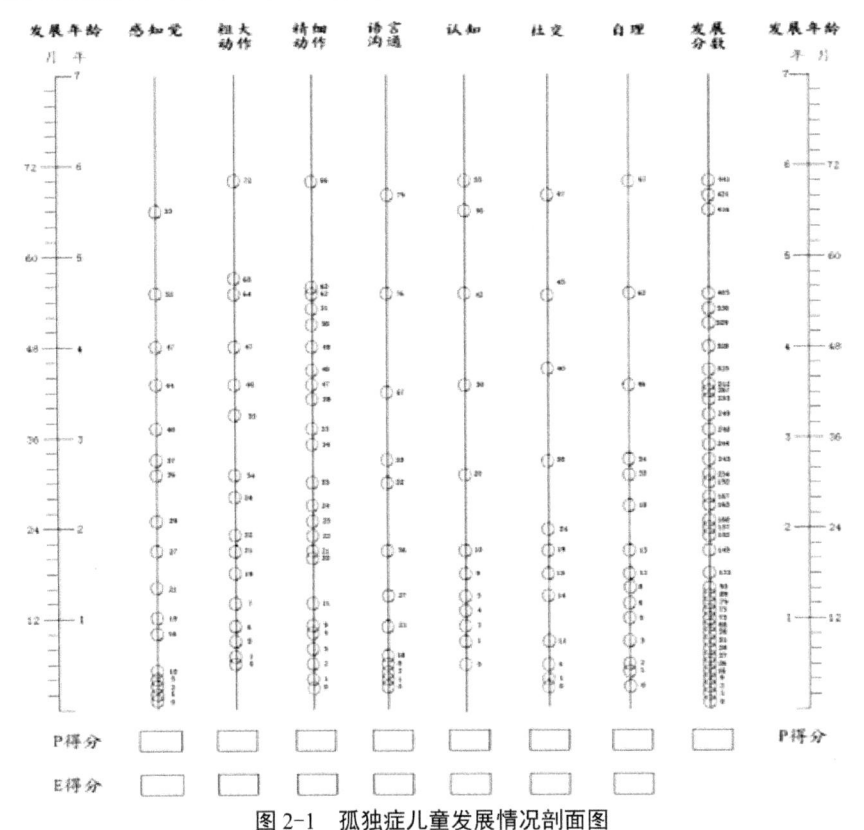

图 2-1 孤独症儿童发展情况剖面图

（七）AAMD 适应行为量表[①]

1963年美国精神缺陷协会（American Association on Mental Deficiency，简称AAMD，现改称AAMR）主持编制了一份主要针对智力低下患者的适应行为量表，简称《AAMD适应行为量表》。由于多数自闭症儿童也存在智力低下的问题，因此我们也可以将《AAMD适应行为量表》借鉴到自闭症儿童生活自理能力的评定中。《AAMD适应行为量表》一共为两式，分别针对的是年龄在13岁以下的儿童以及年龄在13岁以上的个体。学者们也在不同的文化背景下，对该量表的信效度进行了检验，发现该量表具有良好的信效度[②]。

1. 主要内容

《AAMD适应行为量表》第一部分包括如下内容：独立功能、身体发展、经济活动、语言发展、数与时的概念、家庭事务、自我定向、责任感、社会化。独立功能涵盖了个体是否能独立进行饮食行为、解决大小便问题、维护适当的个人清洁卫生、整理安排自己的着装仪表等方面的能力；身体发展包括感觉和运动发展，比如对冷热等的感知以及正常走路等；经济活动特指个体的理财和购物能力；语言发展包括进行基本的谈话、阅读理解、书写等；数与时的概念指日常生活所需的计数运算、正确看时间并理解数和时间的意义；家庭事务包括家务清洁、基本的饮食安排；自我定向主要指能够实现较好的自我管理，安排自己的事情，并正确作出属于自己的决定；责任感指个体在做决定时要懂得兼顾自己和集体、他人的利益，能够在一定程度上懂得为他人考虑；社会化指个体对各种社会文化和规则的学习遵守。

2. 评分等级水平

在得到评分结果后，就可以将个体的适应能力进行分级，《AAMD适应行为量表》将个体的适应行为一共分为六个水平。第一级水平：在一些挑战程度比较低的环境中，个体有一定的应对能力，但是在个人事务的管理上需要获得他人的一些支持和帮助。第二级水平：在一些挑战性的环境中，个体能够具有有效的社会和经济功能，比如能够恰当地处理人际关系和经济收支安排。第三级水平：在完全没有挑战的环境中，个体能够具有有效的社会和经济功能，比

[①] 徐韬园，施慎逊，等. AAMD适应行为量表在我国的应用[J]. 中国心理卫生杂志，2000（03）：157-160，156.

[②] 同上。

第二章　自闭症儿童生活自理能力的评估

如能够恰当地处理人际关系和经济收支安排。第四级水平：对有限的环境刺激和人际关系有反应，生活需要在别人的监督帮助下才能进行，而且生活显得比较机械，没有新意。第五级水平：个体只能对一些简单的环境刺激和人际关系有反应，日常生活需要完全依赖他人的帮助安排。第六级水平：存在全面严重的缺陷，需要医学的全面护理。

（八）儿童适应行为评定量表[①]

《儿童适应行为评定量表》由湖南医科大学心理学教研室的姚树桥和龚耀先于1993年编制，主要用于3~12岁的正常儿童及发展障碍儿童的适应行为的评定，或者发展障碍儿童的筛查以及帮助制订教育和干预计划。该量表最早填补了我们国家在适应行为评定工具领域的空白。

如果从狭义的角度去界定自闭症儿童的生活自理能力，那么可以将该量表中的生活自理维度直接作为自闭症儿童生活自理能力的评量工具，但是由于适应行为本质上是个体适应自然和社会的有效性，因此也可以从广义的角度，将本量表中的整个维度作为对自闭症儿童生活自理能力的评定。

1．主要内容

该量表分为八个领域，分别是感觉运动、生活自理、言语发展、个人取向、社会责任、时空定向、劳动技能、经济活动。本书从这八个领域中选择相关的次领域，作为对自闭症儿童生活自理能力的评定架构。

感觉运动：主要测试自闭症儿童是否能够达到其年龄所应有的跑、走、听、站立、坐、身体平衡技能。生活自理：主要测查自闭症儿童的饮水、餐具使用、排便、穿脱衣服鞋袜、洗手洗脸洗澡等方面的基本生活能力。言语发展：主要测查自闭症儿童的发音清晰度、对话、书写、阅读、计数的能力。个人取向：主要测查自闭症儿童的维持注意力、就餐习惯、卫生习惯、学习劳动习惯方面的情况。社会责任：考查自闭症儿童处理人际交往、参与集体活动、保管物品、替人着想的能力。时空定向：考查自闭症儿童对方位的辨别、乘坐交通工具、外出、对时间概念的理解方面的能力。劳动技能：考查自闭症儿童整理家务、衣物清理、打扫卫生、清洗餐具的能力。经济活动：考查自闭症儿童管理钱财、理财、购物的能力。

[①] 姚树桥，龚耀先．儿童适应行为评定量表的编制及城乡区域性常模的制定[J]．心理学，1993（01）：40-44，67．

2. 信效度

该量表具有良好的信效度。在信度方面，研究者通过内部一致性信度、重测信度、评定者信度三种方式进行了检验，发现在内部一致性信度上，绝大多数样本都能达到 0.80 以上。在重测信度上，间隔平均 15 天后，两次评定的得分相关系数理想，重测信度系数达到 0.96 到 0.99 之间。在评定者信度上，计算两位评定者对同一被试评分的相关系数，发现绝大多数的相关系数均在 0.93 以上；在效度方面，研究者通过与《中国—韦氏幼儿智力量表》或《韦氏儿童智力量表（中文版）》进行校标效度检验，发现该量表与其他两个量表具有高相关，同时该量表的得分在不同年龄的儿童上的检测得分存在显著差异，也说明该量表具有良好的鉴别度。

3. 评分方法

该量表的评分方法需要采用粗分和因子分进行。首先，进行评量后，分别计算出各个维度的得分之和，然后再将感觉运动得分、生活自理得分、劳动技能得分、经济活动得分相加，得到独立功能因子粗分；同理将语言发展得分、时空定向得分相加，得到认知功能因子粗分；将个人取向得分、社会责任得分相加，得到社会自制因子粗分。然后将三个因子粗分转化为因子分，并参照相关分级标准，即可得到适应能力状况。该量表将适应能力一共分为八个水平：极强、强、平常、边界、轻度缺损、中度缺损、重度缺损、极度缺损。

（九）儿童社会生活适应量表[①]

《儿童社会生活适应量表》由王永丽、林崇德等编制。相比其他儿童适应行为量表，该量表主要从心理健康角度探讨了儿童的社会生活适应问题。本量表将儿童的社会生活适应界定为社会方面的适应和生活方面的适应，立足于从基本的生活适应技能和社会化适应情况两方面考查儿童的适应能力情况。该量表可以针对一般儿童，也可以用于特殊儿童，而且也符合中国的实际情况。

1. 主要内容

包括如下维度：居家、亲社会性、情绪监控、生活自我管理、社会交

[①] 王永丽，林崇德，俞国良. 儿童社会生活适应量表的编制与应用[J]. 心理发展与教育，2005（01）：109-114.

往。居家指的是在日常生活中，使个体可以获得正常、和谐发展的基本生活能力，包括家务劳动、对金钱的使用和理解；亲社会性指对他人、对社会有利的行为，比如安慰、分享、帮助等；情绪监控指个体对自我情绪情感的认知和控制；生活自我管理指的是对自身的指导和要求，包括责任心、坚持性等；社会交往指个体与周围环境沟通交流的技能。

2. 计分及信效度

该量表采用李克特（Likert）5级计分法，0表示个体情况与题项完全不符合、1代表个体情况与题项比较不符合、2表示个体情况与题项描述存在不确定的情况、3表示个体情况与题项描述比较符合、4表示个体情况与题项描述完全符合。在信度方面，编制者的研究指出：通过克隆巴赫一致性信度系数检验，发现多数维度的内部一致性信度系数都在0.70以上，整个量表的一致性信度系数为0.85。在效度方面，研究者对各个维度之间的相关和各维度与总分之间的相关进行对比，发现各维度之间既有一定的关联性又有一定的独立性，说明量表具有较好的建构效度。

四、生活自理能力问卷

国内的一些研究者自编了一些生活自理能力的评量问卷，这些问卷对于自闭症儿童的生活自理能力评定有一定的借鉴意义，但是目前还停留在初步的水平，并未进行严格的心理测量学检验，这需要今后的进一步研究。

（一）生活自理技能评量表

康红云在参考波特奇早期教育方法中的《儿童发展行为核对表》的基础上，编制了《生活自理技能评量表》[1]。该量表主要是从狭义的角度界定自闭症儿童的生活自理能力的范围，将生活自理能力分为衣服方面、饮食方面、个人清洁、如厕四个大方面。

衣服方面包括了自闭症儿童穿脱袜子、短裤、短袖上衣等；饮食方面考查了自闭症儿童喝饮料，以及使用筷子、勺子的能力；个人清洁考查的是自闭症儿童洗手、擦手、洗脸、刷牙、擦脸的技能；如厕考查的是自闭症儿童穿脱裤、冲厕所、洗手以及男孩站着小便的能力。

在记分方面，该量表采用了4级记分制。0分表示完全不会，需要家长

---

[1] 康红云. 视频示范教学对自闭症儿童生活自理技能学习成效之研究[D]. 重庆：重庆师范大学，2013：24.

完全协助；1分表示会少许配合，需要家长大量协助；2分表示需要家长部分协助；3分表示需要家长少许协助。

（二）自编生活自理能力评量表

秦雪梅在以美国的 Lawton 和 Brody 于 1969 制定的《日常生活能力量表》、Barthel 制定的《日常生活活动量表》《脑瘫患者日常生活自理能力量表》、双溪启智文教基金会编著的双溪个别化教育课程、张文京教授弱智儿童适应性功能教育课程为参照的基础上[①]，编制了《自编生活自理能力评量表》。虽然该量表是在脑瘫患者生活自理能力调查背景下编制的，但在现有自闭症儿童生活自理能力调查工具不足的情况下，我们也可适当借鉴。

该量表将生活自理能力分为饮食、如厕、卫生清洁、穿着打扮、沟通、行动交通、安全能力。饮食方面除了包括对咀嚼、使用工具的考查外，还包括了对用餐礼仪的考查；如厕方面主要考查的是儿童控制大小便、辨别男女厕所、在厕所大小便、在厕所穿脱裤子、便后处理的能力；卫生清洁考查的是儿童洗手、洗脸、洗头、洗澡、刷牙、梳头发、剪指甲、擦鼻涕的能力；穿着打扮考查的是儿童穿脱鞋子、穿脱简单及复杂衣服和饰品、使用雨具、根据场合和天气选择服饰、保持衣着整洁美观的能力；沟通考查的是儿童介绍自己和别人、认识家庭成员、与家人沟通、适当态度对待家庭成员、打招呼、对别人的友好态度进行正确应答的能力；行动交通考查了儿童在平坦的地方走路、上下楼梯、骑自行车的能力；安全能力考查了儿童安全意识、交通安全意识、处理交通突发事件、电器安全、提防陌生人、求助技能等方面的能力。

在记分上，该量表采用4级记分。其中"0"表示完全没有该能力，需要别人帮助；"1"表示经别人大量协助，可以完成部分活动；"2"表示需要别人的少量协助；"3"表示不需要别人协助，能独立完成。

---

① 秦雪梅．教育和康复整合干预对脑瘫儿童生活自理能力影响的个案研究[D]．重庆：重庆师范大学，2012：37．

第三章 自闭症儿童生活自理能力训练的相关理论基础

自闭症儿童生活自理能力训练有其一定的理论基础，本研究主要从教育学、心理学、生理学、社会学等方面对其进行论述。

第一节 坚持生活及游戏教育的理念

一、坚持生活教育思想

陶行知先生提出了著名的生活教育理论，强调教育应该同生活密切相关，并推崇终身教育。其实对于自闭症儿童而言，生活教育的理念同样适用，因为自闭症儿童的生活自理能力的培养唯有放在实际的生活情境中，才能确保自闭症儿童拥有足够的学习动机，比如在训练自闭症儿童饮水机的使用方面，当儿童想要喝水时，其拥有足够的动机，更容易投入到训练中，同时在生活情境中训练，完全真实的情景也更有助于生活自理能力的培养。另外我们也应该坚持自闭症儿童生活自理能力终生培养的理念，因为生活自理能力与年龄密切相关，每一个年龄阶段有相应的成长任务，所以对于自闭症儿童生活自理能力的培养一定是一个长期，甚至是终生的过程，早期主要关注基本的进食、睡眠、如厕等基本方面，青春期和青年期则有性知识以及职业技能方面的培养。

二、注重游戏教育

我国著名的幼儿教育专家陈鹤琴先生曾提出了"幼儿游戏教育"理念，他认为孩子是生来好动的，是以游戏为生命的，教学的方法与组织应该突出游戏化。其实，自闭症儿童也不例外，他们也喜欢游戏，在生活自理能力训练中，通过游戏，实现寓教于乐，以轻松的方式让自闭症儿童实现对技能的掌握，不失为一项有意义的教学方式。

在自闭症儿童生活自理能力的训练中注重游戏化，要求教师或专业人员结合自闭症儿童的身心特点，将枯燥、烦琐的学习内容用游戏的方式加以演练，并不断巩固，促进自闭症儿童对这些技能的掌握。比如多数自闭症儿童均存在明显的交往障碍，缺乏对周围环境主动探索的意识与动力、语言发展落后、缺乏与同龄儿童的互动、不容易参与到集体活动中，但是他们却对一些特别的物件感兴趣，比如一张纸、一个小玩具，因此如果老师和专业人员在设计教学情境中，能够把自闭症儿童感兴趣的物件引入游戏中，赋予一定的教育意义，比如用小玩具模拟交通信号灯，用纸做成一个同伴，培养自闭症儿童对交通规则的遵守以及与同伴的人际交往，将会有助于自闭症儿童投入到自理能力的学习中。又如在培养自闭症儿童独立进餐的能力中，可以将教学活动情景设计为"给可爱的小动物喂食"，并且将指令编制成一些轻松有趣的顺口溜，让自闭症儿童在轻松愉悦的情景中，学会进食的要领。

第二节 遵循自闭症儿童的心理特点

在自闭症儿童生活自理能力的训练中，我们需要做到制订的每一项训练方式都应该符合教育对象的特性，符合其心理发展情况。

一、遵守儿童发展的年龄阶段特征

自闭症儿童是儿童，也就意味着儿童的教育所应该遵循的特性，对自闭症儿童也是需要的。对于儿童的教育而言，应该根据其年龄特点制定有差异性的教学模式，这方面可以依据皮亚杰的儿童认知发展阶段理论进行。皮亚杰将儿童的认知发展分为了感知运动、前运算运动、具体运算、形式运算四个阶段。0~2岁的儿童处于感知运动阶段，那么针对其生活自理能力训练就应该注重以加强儿童与周围环境的感觉接触为主要途径，帮助他们建立反射性，比如培养他们对温度的感受性，就应该尽量让他们去感受温度带来的身体感受；2~7岁的儿童处于前运算阶段，这个阶段的儿童已经能够逐渐懂得运用符号（语言符号和象征符号）的象征功能和替代作用，即具有了初步表象的能力，给我们的启示是，培养这一阶段儿童的生活自理能力，可以适当采用替代性的模式，比如教孩子如何遵守交通规则的议题，可以用小凳子模拟汽车，当然需要指出的是，这阶段的孩子表征功能还不够强，所以更多的训练还是要建立在具体实物情景中进行，而且这个阶段的孩子运算的能力并不强，所以这个阶段的生活自理能力训练内容应该以简单化、情景单一性为主，不能有过于复杂的连贯性训练；7~11岁的孩子处于具体运算阶段，该阶段的孩子获得了基本的运算能力，拥有守恒概念，有可逆性能力，产生了类的认识，获得了分类的能力，所以对这一年龄阶段孩子的生活自理能力训练可以进行一些基本的计算能力，比如关于购物金额的计算，以及培养对各种日常生活用品进行整齐归类摆放等，当然需要指出的是这一阶段的孩子抽象思维能力还不足，所以各种运算能力培养应该紧密结合具体的实物进行；12~15岁的孩子达到了形式运算阶段，抽象的思维和符号表征能力得到了进一步的提升与发展，因此对于这一年龄阶段孩子，我们可以培养他们进一步复杂运算的能力，比如可以培养他们阅读的习惯，通过让他们阅读文字，学习独立生活的技能，包括对人际关系的维护以及自我保护等。

二、遵循自闭症儿童的心理特征

虽然自闭症儿童生活自理能力的培养应该遵循普通儿童心理年龄发展的阶段，但自闭症儿童相比普通儿童存在的一些特殊情况，使得他们的生活自理能力训练又表现出一些独特性，主要表现为应该坚持小步子原则，注重实践操作。自闭症儿童由于智力发展不平衡，且认知发展存在不同程度的损伤，而且还存在刻板的行为。所以在他们的生活自理能力训练中，应该坚持小步子原则，由于任何一个生活自理活动都是由几个环节组成的，所以我们在训练的时候可以把这些活动分解成几个环节，对每一个环节进行逐步的训练，把每一个项目直观地演示给自闭症儿童，重点将动作的顺序、操作等讲解清楚。比如在自闭症儿童的如厕训练中，可以把如厕分解为感知并表达便意、寻找厕所、脱裤、排便、冲洗、穿裤等几个环节，分别从每一个环节进行细致的训练。同时由于自闭症儿童存在对语言表达与互动存在困难的现实问题，因此在训练中，一定要结合实践的操作进行，切忌单独的语言讲解。

第三节　以自闭症儿童的生理概况为基础

在训练自闭症儿童生活自理能力的过程中，教师和专业人员一定要关注到自闭症儿童的神经生理特点。目前的研究从多个角度证实了自闭症的成因与大脑神经系统异常有关，比如[①]：海马功能障碍、杏仁核功能障碍和顶叶皮层障碍等是导致自闭症儿童障碍行为的内在生理机制，自闭症儿童信息整合能力的失调源于海马系统功能异常，自闭症儿童的社交能力不足在于垂体后叶催产素的功能损伤等。同时自闭症儿童的身体还面临着一些问题，比如口腔肌肉发展不成熟、手指活动不灵活，不协调，软弱无力、上下肢大肌肉控制能力差且无力等，这些情况也给他们的生活适应带来了不利的影响。

上述自闭症儿童的生理机制给我们的启示在于，在自闭症儿童生活自理能力的训练中，我们应该：一是坚持用生物学治疗的方法与心理行为训练的方法相结合，比如可以在专业医师的指导下，采用一些药物治疗的方法缓解自闭症儿童的问题行为，例如[②]5-羟色胺再摄取抑制剂能够减少重复和攻击性行为，并能在一定程度上促进自闭症儿童的社会交往；二是坚持将训练的范围由单独的心理行为扩大到身体技能训练，比如在训练自闭症儿童的进食能力和语言时，就应该关注到他们口腔肌肉的训练，实际上包括自闭症儿童出现的进食问题，并不是单纯的心理行为的不足，而是与其不成熟的口腔肌肉活动相关，导致他们不能自觉实现咀嚼、吞咽。因此训练自闭症儿童的口腔肌肉活动，不仅能够帮助自闭症儿童掌握进食技巧，也能为训练他们的发音打下良好的基础。

第四节 注重社会学的启示

社会学是从社会整体概念出发，通过社会关系和社会行为来研究社会的结构、功能、发生、发展规律的综合性学科。广义的社会学涵盖了人类的基本规律，涵盖了教育系统中学校与家庭、社会的关系，以及知识与社会需求的关系等方面，可以认为人类的教育系统是建立在社会学的基础上的。自闭症儿童的生活自理能力训练属于教育，那么也必然遵循社会学对教育的启示。因此从社会学对教育的启示的角度，来探讨自闭症儿童生活自理能力的训练，有积极的现实意义，能够帮助我们在这个过程中去思考

[①] 周念丽. 透视和促进 ASD 学前儿童"社会脑"发展——神经可塑敏感期的教育干预模式之建构[J]. 华东师范大学学报（教育科学版），2013（02）：49-55.
[②] 马燕，洪琦等. 5-羟色胺再摄取抑制剂治疗孤独症的临床机制研究[J]. 重庆医学，2009，38（02）：164-166.

第三章　自闭症儿童生活自理能力训练的相关理论基础

教学的走向和如何定位教师、专业人员和家庭、社会的关系。

一、强化奖励，增强自闭症儿童的学习动机

美国教育社会学专家詹姆士指出："人性中最本质的愿望就是希望得到赞赏"，也就是说从社会学的角度而言，人的本性是希望得到他人的赞赏与鼓励的。在教学中，我们也常常听到老师应该鼓励赞美学生等说法。在自闭症儿童的生活自理能力训练中，也应该坚持奖励的原则，因为自闭症儿童存在情感脆弱、能力差、挫败感较重等心理问题，因此他们往往个性比较敏感，很在意别人的评价。如果在生活自理能力训练中，对于他们的一点点，哪怕是很小的进步，老师或者专业人员都能够进行细心观察，并及时鼓励，将会增强他们的学习信心，当然由于自闭症儿童认知功能受限，我们对他们的奖励应该控制在一个合理的范围内，应该是适度的，如果表扬奖励用得过多过滥，自闭症儿童会对此感到麻木，就不能收到奖励的教育意义。比如老师或专业人员在培养自闭症儿童扣纽扣的能力时，因为自闭症儿童的手指协调能力不强，随时可能会出现扣错的情况，这时我们一定不能没有耐心，而是应该再次给他们示范，并且用鼓励的语气让他们再试一试，如果孩子成功了，我们应该及时给予奖励，当然选择合适的强化物进行奖励是需要的，一般对于年龄较小的自闭症儿童，可以选择他们喜欢的物品作为奖励，年龄较大的自闭症儿童，可以给他们一个拥抱或者微笑等社会性行为作为奖励。

二、坚持发挥家庭的作用

在自闭症儿童生活自理能力的康复训练中，应该重点发挥自闭症儿童家长的作用，让家长参与到训练过程中，这么做的目的在于：一是相比于专业人员及老师，自闭症儿童更信任家长。自闭症儿童对人际关系的回应比较冷淡，而且对于外界的探索欲望比较弱，因此直接由专业人员为自闭症儿童进行生活自理能力训练，需要花一段时间让自闭症儿童熟悉接纳他们，但是如果我们让家长参与到训练过程中，由于长期共同生活以及血缘亲情的缘故，自闭症儿童会在一种信任的关系下快速投入到训练过程中，所以让自闭症儿童的家人参与到训练中，更有利于自闭症儿童生活自理能力训练的开展。二是家长比专业人员更加了解自闭症儿童的生活自理能力状况，更容易制定出有针对性的训练方案。三是更加有效率。自闭症儿童生活自理能力的训练是一个漫长的过程，而且需要不断地巩固，专业人员

陪伴自闭症儿童的时间有限，相反家长陪伴自闭症儿童的时间较长，因此让家长参与到自闭症儿童生活自理能力的训练中，让家长把家庭也变成训练的场所，将有助于提高生活自理能力训练的效果。

让家长参与到自闭症儿童生活自理能力的训练中，需要专业人员和自闭症儿童家长建立一种伙伴协作关系[①]，专业人员或教师和家长一起制定自闭症儿童生活自理能力训练的实施方案，并且积极听取采纳家长的想法，同时将一些专业技能传授给家长，随时为家长提供有关生活自理能力训练方面的专业指导。

第五节　坚持教育康复与医学康复的结合

一、开展教育康复与医学康复结合的必要性

著名特殊教育专家柯克曾指出，医学的终点是教育工作者的起点[②]，柯克第一次将教育与医学结合起来。由于自闭症儿童并非单一的障碍，存在语言及社会交往障碍、刻板行为、兴趣狭窄等方面的缺陷，不仅有心理方面也有生理方面的局限。目前自闭症的致病原因和机理并未完全为人们所知晓，还处于不断探索状态，因此单纯的医学康复并不能完全治愈自闭症儿童，而且回归到生活自理能力的社会情景适宜性，单纯的医学康复由于过于依赖医学技术，也显得不合时宜。在自闭症儿童生活自理能力训练中，进行教育康复易于实践，通过各种强化训练，可以在一定程度上提高自闭症儿童的生活自理能力，但也存在周期长、见效慢、易受其他因素干扰等特点。因此在自闭症儿童生活自理能力训练中，充分利用康复医学理念技术以及教育心理知识，将教育康复与医学康复进行结合将是一个重要趋势。来自医疗的康复可以帮助自闭症儿童为教育康复提供更好的状态，从而更有利于教育康复的开展，而教育康复的进行又可以巩固医学康复的成果，使自闭症儿童能够顺利适应社会[③]。因此在自闭症儿童生活自理能力的训练中，单纯的教育康复或者医学康复训练是不行的，需要坚持二者的结合，

---

① 申仁洪. 走向伙伴协作的残障儿童家庭参与——基于美国研究的考察[J]. 比较教育研究，2016，38（04）：100-106+112.
② 赵斌，马小卫. 自闭症儿童教育康复研究述要[J]. 教师教育学报，2015（02）：104-110.
③ 同上.

才能有效提升训练的针对性和效果。

二、教育康复与医学康复结合的理论架构

首先，在自闭症儿童生活自理能力的训练中，坚持教育康复与医学康复的结合需要我们定义二者之间的关系。我们需要明确医学康复是配合于教育康复的。因为医学康复的目的在于保证自闭症儿童有一个良好合适的身体状况，以便有条件进行教育康复。比如自闭症儿童的生活自理能力的训练受到个体智力、语言交流能力的影响，那么就可以采用医学里面的针灸疗法刺激相应的穴位，进而作用于相应的大脑皮层，改善自闭症儿童的交流能力。例如广州中医药大学靳瑞教授独创"靳三针"疗法对自闭症儿童进行治疗，结果显示该治疗方法对自闭症儿童的言语与非言语交流、限制性重复行为模式与统一性保持及社会交往与人际关系的改善有显著效果[1]。

其次，需要明确教育康复的含义。王辉指出教育康复指"采用不同的方式，将康复与学科课程和教学的内容、方法、过程等进行全面整合，以教育的形式完成康复的内容，并坚持康复的持续性。即在教育或康复里面糅进相互的内容"[2]，可见教育康复的外显形式是以教育教学的系列手段呈现的，在内容上涵盖了康复学的相关理论和技能。说明在自闭症儿童生活自理能力的训练中，要以教育教学的活动进行，不能单纯地进行所谓的康复训练。

再次，在自闭症儿童生活自理能力的训练中，我们需要关注到儿童关键期发展理论，坚持早期干预的模式。发展心理学的研究发现，在个体的一生发展中，总存在某些方面在某一个年龄阶段发展最迅速的情况，而这一年龄阶段就可以成为个体某一方面发展的关键期。在个体的发展中，如果抓住了关键期，就等于个体获得了某一方面能力发展的最佳机会，相反如果错过了关键期，就等于个体错过了某一方面能力发展的黄金阶段，将不利于个体的成长与发展。

虽然各个方面能力发展的关键期并不一致，比如动作发展的关键期就要早于语言发展的关键期，但是研究发现个体发展的关键期多数处于学前阶段。在自闭症儿童生活自理能力的训练中，我们需要借助关键期理论，为自闭症儿童提供早期的生活自理能力培训，现实的情况往往不够理想，

---

[1] 赵斌，马小卫.自闭症儿童教育康复研究述要[J].教师教育学报，2015(02):104-110.
[2] 王辉.国内脑瘫学生教育康复模式的研究现状与发展趋势[J].中国特殊教育.2010（04）：18-22.

因为在自闭症儿童患病早期，家长往往将孩子送到医院去进行治疗诊断或者关注到了自闭症儿童的单一核心症状，比如刻板行为等，忽视了对孩子的生活自理能力进行训练，错过了训练的时机。当然生活自理能力作为一种个体适应外界环境要求的综合能力，本身并不是可以一蹴而就的，需要随着年龄的增长，分配不同的训练板块，比如早期主要是对饮食、穿衣、如厕等基本技能的训练，随着年龄的增长，就可以增加对阅读、书写、沟通等发展性技能的训练。所以对自闭症儿童生活自理能力的训练要求我们本着早期干预的原则，尽早开始，但又要根据不同的年龄对训练的内容进行相应的分配。

三、教育康复与医学康复结合的形式

在真正实施教育康复与医学康复结合的时候，需要关注到实践主体、评量、干预等环节。实践主体指的是在自闭症儿童生活自理能力训练中，应该由医生还是教师主要负责实施？从前面王辉对教育康复的定义可知，教师应该是作为实践主体的；在评量环节，教师需要对自闭症儿童的生活自理能力进行相对全面的评估，包括饮食、睡眠、如厕、穿脱衣等基本的生活适应技能，还应该包括交流、责任感、自我管理等社会适应技能。在评定的同时，多关注来自家长和医学康复师的意见和建议，以期能够客观全面地对自闭症儿童的生活自理能力进行评价；在干预阶段，教师根据制订的干预计划为自闭症儿童提供生活自理能力的训练，同时医学康复师要定期或者在老师的要求下为干预过程提供医学康复的支持，老师和医学康复师同时应该多听取来自家长的反馈。

第六节 加强循证研究

在自闭症儿童生活自理能力的训练中，存在多种方法，有医学、教育、心理、认知与发展等。但是如何选择合适的方法为自闭症儿童进行生活自理能力训练是我们需要解决的。目前比较流行的观点是运用循证取向的原则去鉴别选择合适的教育康复方法。循证原则起源于医学领域，并逐渐向其他学科领域发展，强调实践应基于证据，方案的制定应该关注多因素的连接等[①]。在自闭症

---

① 饶克勤，王明亮. 知识管理理论、方法与实践——知识管理与卫生循证决策[M]. 北京：科学出版社，2003：5.

第三章 自闭症儿童生活自理能力训练的相关理论基础

儿童生活自理能力培养中，坚持循证原则的意义在于：首先，自闭症儿童生活自理能力受到多种因素的影响，也就意味着，自闭症儿童生活自理能力的培养应该是涉及多因素的，包括医学、康复学、教育学、儿童发展心理学等，而循证原则所强调的系统内各因素之间的相互联系，恰好与自闭症儿童生活自理能力培养所具有的多因素连接性相契合。其次，科学有效的自闭症儿童生活自理能力提升方案应该有着扎实合理的理论基础，所以我们应该加强自闭症儿童生活自理能力提升措施的理论研究，并在理论研究和实践之间建立起紧密的连接，表现为自闭症儿童生活自理能力提升方案的理论研究应该紧密关注来自实践的反馈，从而保证实践和理论的互补生成及优势性，而循证原则所强调的理论和实践之间的双向互通则恰好关注到了自闭症儿童生活自理能力提升方案的实践对理论的证据作用，也能够使自闭症儿童生活自理能力提升方案的理论研究指导实践的针对性开展。

所以在自闭症儿童生活自理能力训练中加强循证研究，要求做到：第一，加强相关理论研究，进而为自闭症儿童生活自理能力的实践提供有力的理论证据，同时积极关注来自实践的反馈，为理论提供检验作用。第二，自闭症儿童生活自理能力提升的相关研究应该关注到多领域，比如医学、自闭症儿童身心发展特点、教育心理学、儿童发展心理学等，以期为自闭症儿童生活自理能力的提升提供多方位的指导。

第七节 注重方法的多元性

在自闭症儿童生活自理能力的训练中，应该采用多元的方法，提高生活自理能力训练的针对性与成效性，具体而言可以采用如下方式方法的结合。

一、工作分析法

工作分析法是指将任务（即教学的知识、行为、技能、习惯等）按照一定的方法和顺序分解成一系列细小而又相互独立的步骤，按照任务分解确定的顺序逐步训练每一小步骤，直到孩子掌握所有步骤，可以独立完成任务，并且可以在其他场合下应用其所学到的知识和技能[1]。

自闭症儿童在完成穿衣、进食、如厕等方面存在的问题，本质上是其

---

[1] R. G. 米尔滕贝格尔. 行为矫正的原理与方法[M]. 北京：中国轻工业出版社，2000：1.

不能完成顺序复杂的活动。因此可以采用行为分析将目标行为进行工作分析，从而将复杂的行为转化成一连串小的行为步骤，也可根据步骤制定结构化的提示策略，然后采用小步子的方式进行重复施教。

在自闭症儿童生活自理能力的工作分析法中，可以按操作顺序写下完成某项任务的相关步骤，然后引导学生分别在每个步骤上进行训练或探索。需要注意的是，工作分析法并不认为自闭症儿童生活自理能力的训练不必完全按照步骤顺序进行，可以先对自闭症儿童的生活自理能力的各步骤进行评估，然后先把自闭症儿童不能独立完成的步骤教授给他们，这样有助于自闭症儿童在获得解决难点问题能力后，自主连贯探索如何解决生活自理的问题。当然，如果有的问题确实掌握起来有困难，超出了自闭症儿童自身的能力，也可以先从简单的入手培养。

以训练自闭症儿童穿带有纽扣衣服的能力为例，可以将这一目标行为分为：（1）解开纽扣，拉开衣服。（2）用右手将左手套入袖子。（3）将最下面的扣子扣上。（4）把从下面开始数的第2颗扣子扣上，依次把上面的扣子扣上。然后分别针对上述4个环节进行训练，自闭症儿童掌握后，再将4个环节连贯起来。

二、结构化教学

在自闭症儿童生活自理能力训练中开展结构化教学，指的是通过有组织且系统的教学环境及相关程序安排，比如图片化的视觉安排、细化明确的程序时间表、个人工作系统（明确化的工作开始、工作方向及工作结束标志）。

结构化教学的核心是视觉呈现，即视觉策略。多数自闭症儿童在听觉加工上存在不足，主要依靠的是视觉加工感受来自外界的信息，因此在自闭症儿童生活自理能力的训练中积极借助视觉加工具有积极的意义。

视觉策略应用于自闭症儿童生活自理能力的培养，可以是采用图片、视频等方式呈现训练过程及材料，比如可以将进餐的各个环节以连环图片的方式呈现，可以较好地用于自闭症儿童进餐技能的训练及巩固。

三、增强策略

增强策略又叫强化策略，通过呈现个体满意的行为来强化预期行为的出现。比如在对自闭症儿童进行偏食行为的矫正中，当自闭症儿童吃了蔬菜后，可以给予他们一次吃自己喜欢的零食的机会。需要说明的是，在增强策略中选择合适的强化物非常关键。对于多数自闭症儿童，由于他们的认知能力普遍较差，各种行为主要受低层次需求驱动,高层次的情感驱动较少,因此多采用实物性的正向强化物作为其预期行为的增强物。但是这不排斥情感性强化的引入,我们鼓励在采用低层次实物强化的同时,要逐步引入社会性情感认同等高级情感的增强作用,以此逐步培养自闭症儿童的社会性情感。

四、社会故事法

美国学者 Carol A. Gray 在1991年提出了社会故事法(Social Stories)。社会故事法的核心概念是由包括老师和家长在内的监护人,对自闭症儿童的发展需求进行评估,然后以描述自然化社会情境的方式,编写简短故事,让自闭症儿童在故事的阅读中实现对相关技能的学习与掌握。

社会故事法在自闭症儿童生活自理能力的训练中具有积极的意义,因为生活自理能力从本质上是一个社会适应性的话题,与社会故事法对自然现实情境的要求具有一定的重叠性。

在自闭症儿童生活自理能力培训中使用社会故事法,主要按照如下环节进行:(1)评估自闭症儿童的生活自理能力,确定领域主题。(2)收集资料。(3)根据领域主题,编写能够满足自闭症儿童阅读及发展需求的社会故事。(4)制定社会故事训练计划。(5)实施社会故事训练。(6)评估效果。(7)基于评估效果,制定新一轮训练计划。

社会故事主要包括指示句、肯定句、描述句。通常设置 2~5 句描述句或肯定句,1~2 句指示句或者控制句,描述句通常要多于指示句,以创造有趣的社会故事情境。比如针对自闭症儿童的挑食行为,可以设置社会故事法,如下:我是小明(前导句);我每天都要按时吃妈妈做的饭(观点句);妈妈做的饭菜很可口(观点句);我既要吃肉,又要吃蔬菜,这样才是可爱的好宝宝,爸爸爱我,妈妈爱我(指示句)。

五、角色扮演

所谓角色扮演教学法,是指在人工环境中复制和体验现实的内在感受,使学习者能够感受到与现实生活相似的困境、问题和情感,通过让自闭症儿童角色扮演,重复一项任务的动作步骤和方式来获取相关技能的一种方式[1]。

---

[1] 马帅. 个案工作介入自闭症儿童生活自理能力提升研究[D]. 兰州:西北民族大学,2020:41.

在自闭症儿童生活自理能力的训练中，角色扮演主要让自闭症儿童通过扮演具有社会意义的角色来进入生活自理能力训练的模拟场景，意义在于通过角色激发他们对相应能力的需求，以及通过角色让训练的过程变得自然、有趣、生动。比如可以让自闭症儿童扮演餐厅里面的厨师、客人、洗碗工等角色，让他们学习要珍惜粮食，不能挑食，以及如何进餐等自理能力。

角色扮演法在自闭症儿童生活自理能力的训练中具有一定的作用，但是需要引起注意的是，角色扮演法在自闭症儿童的认知理解中具有一定的局限性，因为自闭症儿童这类特殊儿童并未如普通儿童那样自然而渐进地获得理解别人心理状态如信念、愿望、情绪等并以此作为理解和预测别人行为途径的能力，在理解别人的心理上存在着缺损[①]。

六、自理流程图

自理流程图是利用图片的形式对自闭症儿童进行生活自理方面的训练。自理流程图本质上属于结构化教学。

在具体操作上，自理流程图通过以详细生动的流程卡来展示生活自理能力训练的过程，常用的有生活自理系列卡片。在自理流程图中，一定要注意卡片的排列顺序，对照卡片进行训练，开始的时候，家长和老师需要手把手参与，随着自闭症儿童对相应能力的掌握，家长和老师就要逐步减少指导，由自闭症儿童自主探索，并培养其纠错能力，发现哪一环节漏掉了，然后再进行补充。

以自闭症儿童乘坐公交车为例，可以采用自理流程图的方式，将目标行为的获得分解为8个小环节，并将这8个小环节以卡通图片的形式进行展示。分别是知道公交车班次（通过看公交车站牌信息）、上公交车、投币、找到空位、坐车、知道要下车的站、到站时举手提示、下车。

七、适当集体教学

自闭症儿童生活自理能力的训练可以坚持适当的集体教学，在自闭症儿童生活自理能力的训练中坚持集体教学与个别化教育原则并不矛盾。集体教学的意义在于激发自闭症儿童生活自理能力训练的兴趣，通过在集体环境中教学，可以让自闭症儿童通过与同伴的交往互动自然激发学习的兴趣。

---

① 马帅. 个案工作介入自闭症儿童生活自理能力提升研究[D]. 兰州：西北民族大学，2020：42.

在集体教学中，可以通过编制一些朗朗上口、形象生动的绕口令或者口诀来帮助自闭症儿童参照学习或者记忆，比如《叠衣歌》：关关门，抱一抱，点点头，弯弯腰，衣服叠好了；《穿衣服》：小小手，真能干，自己衣服自己穿。裤子像个小山洞，火车钻进轰隆隆。快快伸进小衣袖，千万别忘系钮扣；《进餐儿歌》：小朋友，洗完手，插着小手轻轻走，回到座位不分手。饭一口，菜一口，喝汤就要举小手。不挑食来不剩饭，饭后别忘去漱口。除了采用儿歌的方式，还可以采用绘本故事、动画视频等方式，在集体教学中对自闭症儿童的生活自理能力进行训练。比如可以让自闭症儿童观看《宝宝巴士：进幼儿园前，应教会宝宝具备生活自理能力》，儿童观看后会对生活自理能力中的穿衣能力感到很有兴趣，然后可以设计游戏，让自闭症儿童相互之间练习穿脱外套，并且相互指导交流讨论，实现对穿衣能力的掌握。

在自闭症儿童生活自理能力的集体化教学中，为了保证有效性，应该注意如下方面：一是关注活动内容的适宜性，设计的生活自理能力训练内容一定要能够满足自闭症儿童的需要，符合其原有的经验、水平，不能有很大的随意性，因此这也就需要教师和专业人员事先对自闭症儿童的生活自理能力进行评估，并且多听取家长等的意见。二是抓住自闭症儿童生活自理能力训练的临界点，即自闭症儿童在生活自理能力训练中出现困难或者停顿的一个点，重点处理好这一临界点的训练和教学，如果能够处理好临界点的困难，那么自闭症儿童生活自理能力的训练将会上一台阶，极大提高自闭症儿童的生活自理能力水平。三是关注自闭症儿童的主动参与。通过师生互动、生生互动，激发自闭症儿童对生活自理能力的主动参与感。主动参与是自闭症儿童生活自理能力有效学习的关键，是集体教学得以体现发展性的重要前提，也是评价生活自理能力教学干预的重要标准。自闭症儿童在生活自理能力训练中的参与不仅仅是形式化的参与，比如外在的行为动作，同时也是心理的参与，即不走神、认真投入。

八、注重榜样强化

自闭症儿童生活自理能力的训练需要注重榜样强化，因为幼儿生活自理能力的获得主要是通过模仿和观察习得的。在自闭症儿童生活自理能力的训练中可以采用老师和家长榜样以及同伴榜样进行。

在家长和教师榜样法中，老师在学校最好向自闭症儿童亲身示范，比如示范洗手的动作，边讲边示范。在进餐中，老师和家长要做好榜样，比如坐姿端正、保持安静，用正确的姿势进餐，做到文明进餐，为自闭症儿童做好榜样。在家庭环境中，家长一定做好榜样示范作用，要预防一种情况，即学校教师进行了认真的教学与训练，自闭症儿童也掌握了一定的生活自理技能的正确操作，回到家后家长不注意发挥良好正向榜样作用，比如就餐大声喧哗、不注意个人卫生等，儿童习得的行为就得不到有效强化，甚至跟着家长学习一些不良的行为。

相比家长/教师榜样法，同伴榜样法由于随意性，且同伴之间年龄相仿、兴趣相近等原因，更加对自闭症儿童生活自理能力的习得具有影响，因此我们要发挥同伴榜样法的积极作用。比如在生活自理能力的培养中，如果教师对某一自闭症儿童的行为给予了肯定，那么其他儿童也会间接受到鼓励，即通过努力呈现预期行为来得到老师的表扬，比如老师表扬某一儿童吃饭没有撒饭粒，其他儿童也会跟着模仿。

九、注重保教结合

学校在培训自闭症儿童生活自理能力期间，应该树立保教结合的意识。目前多数学校还未意识到这种问题，保育员往往只是自己去收拾桌子等，忽视了让自闭症儿童参与进来，而且这样也导致了自闭症儿童依赖、懒惰心理的出现，对老师的教育培养形成不利冲击，不利于自闭症儿童生活自理能力的养成。其实保育员应该利用整理环境的机会，让自闭症儿童参与进来，保育员可以借此进行引导。

保教结合需要学校、教师、保育员之间相互合作，让保育员树立与教师合作的意识，对保育员进行培训，让保育员懂得一定的生活自理能力训练的技能技巧。

十、积极反馈，培养成就感

在自闭症儿童生活自理能力的训练中，教师和家长要做到积极反馈，特别是自闭症儿童在生活自理能力训练中取得进步，教师和家长一定要进行积极表扬和肯定，以培养他们的成就感。千万不要认为自闭症儿童就没有成就感，就不懂得来自他人的积极肯定，事实上自闭症儿童存在的敏感性，就说明了他们对外界的反馈是很看重的。

老师对自闭症儿童的反馈可以是当着全班同学的面进行表扬，也可以是物质上的，或者是小红花之类的，表扬的时候，在肯定进步后，老师可以强调"请同学们向XX同学学习"。

第四章　基于个别化教育计划之下的自闭症儿童生活自理能力训练模式

第一节　个别化教育计划概述

个别化教育计划（IEP）在特殊教育领域具有极其重要的地位，从诞生起，便受到特殊教育工作者的广泛关注。个别化教育计划通过其高度的教育针对性及计划性，能够提高特殊教育训练干预的效能。

一、个别化教育计划的起源

个别化教育计划最初起源于美国。1975年，美国颁布的"94-142公法"第一次做出有关个别化教育计划的规定：必须为所有3~21岁的特殊儿童制订适合其需要的个别教育计划（IEP），且须定期评估与修正。个别化教育计划的提出不仅体现出了教育的针对性，也使得所有特殊需要儿童的教育权益得到了法律保障。可以认为个别化教育计划的出现对特殊教育产生了深远的影响，推动了特殊教育向着教育机会普及和教育质量提升的发展。

与美国不同，我国目前还未在法律层面对个别化教育计划进行明确规定，但在特殊教育的实践领域，越来越多的特殊教育工作者也在学习并使用个别化教育计划。

二、个别化教育计划的发展

个别化教育计划提出以来，吸收了众多的教育理论及思想，目前已经形成了丰富的理论模式。

（一）注重转衔教育

转衔教育与个别化教育计划之间具有较强的连接。今天，转衔教育服务已经是个别化教育计划不可缺少的组成部分。1990年的"101-476公法"第一次将转衔教育服务列为了个别化教育计划不可缺少的一部分，要求必须在学生 16 岁之前制订转衔教育服务。事实上，在个别化教育计划中植入转衔教育服务的目的在于，为特殊需要学生在不同学段及毕业后进入工作之际提供恰当的过渡性支持，让他们顺利实现生涯各阶段的衔接。

（二）关注家长参与

个别化教育计划作为一项高度专业化的工作，并不意味着只有老师及相关特殊教育专业人员才能制订，个别化教育计划的制订应该是一个开放的系统，需要家长的深度参与。事实上，家长深度参与个别化教育计划的制订，不仅是对家长参与权的一种尊重，更体现了特殊教育的效能原则。家长长期陪伴特殊儿童，家长作为特殊儿童的直接责任人与监护人，他们最了解特殊儿童的发展状况与发展需求，只有他们的参与，才能确保个别化教育计划的"个别化"的内涵得到真正的实现。

（三）强调融合性

开展融合教育是特殊教育的主流发展趋势，强调特殊教育不应该是隔离进行，而应该是与社会环境良性开放，应该把特殊儿童的教育放在社会环境中进行，强调特殊教育应该与普通教育互通，强调特殊儿童的教育应该走进社区生活。个别化教育也非常注重融合性，主要表现为：在个别化教育的制订及实施过程中，都坚持将特殊儿童的教育尽可能安置在普通教育中，尽可能为特殊儿童创造更多与普通儿童接触的机会。

（四）强调多学科参与

个别化教育计划最终的指向一定是促进特殊儿童的综合发展，这也就必然涉及教育理论、康复技能、医学矫正、心理及行为支持等方面。因此，个别化教育计划的制订一定是多学科参与的。同时在强调合作文化取向的今天，个别化教育计划的制订和实施不仅注重多学科参与，在实践层面也表现为具有不同学科背景的专业人员的广泛参与。

（五）注重教育平等

教育平等是指公民在教育方面享有平等的权利，不因地位、民族、经济等的差异而被区别对待。具体到个人层面的教育平等，一定指向两个方

第四章 基于个别化教育计划之下的自闭症儿童生活自理能力训练模式

面,即教育机会的平等与教育过程的平等。个别化教育同样注重教育平等,通过强调为所有特殊需要儿童制订教育计划,保障了每个特殊需要儿童都有接受教育的机会,通过强调教育计划是适合特殊儿童需要的,保障了特殊儿童的教育过程平等。

三、个别化教育计划的组成

个别化教育计划主要包括:

(1)特殊儿童目前的表现。通过专业人员对特殊儿童进行测验,以及和家长、教师等与特殊儿童有接触人员的交流,形成对特殊儿童目前表现的描述。需要注意的是,特殊儿童目前的表现不应该只是对表面现象的陈述,而应该是聚焦于障碍对特殊儿童参与正常的生活、学习所造成的影响,可以说特殊儿童目前的表现不应该只是观察性信息,更应该是一种在观察的基础上分析对比得到的内隐信息。

(2)目标。目标是个别化教育计划的核心部分,解释了个别化教育计划所要达成的结果。个别化教育计划中的目标可以按照时间单元进行划分,也可以按照内容进行划分,比如社会性发展目标、学业目标、身体康复技能目标等。

(3)教育与服务。目前的表现与目标确定后,就需要制订合适的教育与服务,教育与服务是目前的表现与目标之间的桥梁。因此当前的表现、教育与服务、目标三者之间存在逻辑上的对应与确定关系。教育与服务主要包括针对特殊儿童的辅助与干预支持、支持儿童发展的系统方案等,当然也需要指明教育与服务的时间和地点等安排。

(4)融合教育的参与。个别化教育计划需要明确特殊儿童在普通教育中的参与情况,比如是否有机会与普通儿童接触,是否走入了社区生活。当然如果因为障碍程度的原因,特殊儿童不能参与普通儿童的教育,则需要给予特别说明,但这并不意味可以忽视融合教育,个别化教育计划的制订者应该思考如何补偿特殊儿童对生活的参与感。

(5)转衔服务。最迟在特殊儿童16岁开始,个别化教育计划需要考虑特殊儿童升学及毕业后所需要面对的适应性问题,因此需要特别进行设计活动与教育,以解决适应性问题,包括相关的训练、教育、独立生活技能、心理调适。

(6)权利说明。个别化教育计划需要提前说明特殊儿童成年后的相关权利,而且要把这些权利告知特殊儿童及其监护人,让特殊儿童成年后能够有尊严地生活,并受到权益保障。

自闭症儿童生活自理能力训练的理论与实践

（7）测试的情况说明。测试的情况说明主要指向特殊儿童是否能够公平地参与相关考试，即考试设置的条件应该是对特殊儿童的成绩水平发挥有利的，不能构成阻碍。

（8）评价进步。个别化教育计划需要说明如何测量特殊儿童的进步，并且具体到如何将相关情况以何种方式告知特殊儿童及其监护人。

四、个别化教育计划的制订与实施

个别化教育计划的制订主要包括以下环节：

（1）评估。专业人员运用观察、测验、资料分析等手段收集能够反映特殊儿童发展状况的资料，分析出特殊儿童在教育支持下可能的发展空间和机会，以及受障碍的影响。评估的过程要关注家长的参与情况，多听取家长的意见，同时评估的内容应该全面且贴近特殊儿童的实际生活，涵盖身体状况、社会参与、生活自理能力、情绪行为等方面。

（2）拟定个别化教育计划的草案。根据评估的结果得出特殊儿童的薄弱且需加强领域，并初步提出教育及服务措施，形成个别化教育计划的相关草案。

（3）个别化教育计划的确定。通过召开会议，请特殊儿童家长、老师、康复支持者、特殊儿童及其他相关人员，对草案进行研讨，决定个别化教育计划的目的、教育及相关服务等方面，最终形成个别化教育计划。

个别化教育计划的实施需要明确实施的时间与场所、实施策略等。特别需要注意的是个别化教育计划并非制订就不变，可能会出现超前完成或滞后的情况，因此需要采取一定的措施进行调整，可以是重新调整目标及改变教育与支持服务等，使之与特殊儿童的实际发展情况更加匹配。

第二节 个别化教育计划在自闭症儿童生活自理能力训练中的应用

一、确定诊断内容

自闭症儿童生活自理能力教育诊断项目一般包括：

（1）自闭症儿童个人资料：性别、年龄、是否独生子女、生长与发展

第四章　基于个别化教育计划之下的自闭症儿童生活自理能力训练模式

史（包括求学史）、病史。

（2）自闭症儿童的家庭相关资料：父母健康状况、父母文化程度、父母性格特征、父母教养方式、亲人关系、家庭结构、居家环境、家庭经济条件、父母职业。

（3）生理状况：主要指与自闭症儿童生活自理能力相关的躯体健康状况，比如视力、听力、动作机能等。

（4）生活自理能力：进食、如厕、穿衣、饮水、睡眠、沟通、情绪、出行等方面的情况及发展可能性。

（5）课程及服务：涉及自闭症儿童生活自理能力方面的发展性及适应性课程，除了常规的生活自理能力基本课程，还包括休闲娱乐、安全、卫生等延伸性内容。

（6）其他。

二、选用适当的测评

在确定诊断的主要内容后，应该选用或编制相关的生活自理能力测评量表或问卷。

首先，在对自闭症儿童生活自理能力进行测评时必须持审慎与严谨的态度，包括考虑测评工具对文化的适应性问题，特别是借鉴国外的相关量表时更应考虑文化的适应性问题，同时地区差异也是应该考虑的。其次，并非测评工具里面的所有项目都要实施，应该区分哪些项目是所有自闭症儿童都要做的必测项目，哪些项目是个别自闭症儿童需要测量的。再次，测评过程中需要把握好测评的信效度以及对测评结果的合理解释与运用，表现为测量人员要细致安排，做到没有外在干扰因素影响到测量结果，考虑测验的误差等。

三、设计教育诊断报告书

在对先前个别化教育计划进行评鉴的基础上，还应该制订下一阶段的个别化教育计划，这时需要重点参考自闭症儿童现有的生活自理能力状况，因此必然涉及新的评估，评估时需要重点参考前期个别化教育计划的评定结果，并综合家长、教师等人的意见及观察的结果。新的个别化教育计划也应该重点关注自闭症儿童急需且欠缺的生活自理能力内容。

四、召开教育诊断会

召开教育诊断会是个别化教育计划的重要环节，通过邀请不同人员参与，可以对自闭症儿童生活自理能力的评估结果进行讨论，获得真实的情况，找到自闭症儿童生活自理能力的缺陷及发展可能性，为制订干预措施提供有效的依据。同时也便于教师、专业人员、家长等人员的合作。

教育诊断会的召开是一件很重要的事情，因此需要进行周密的准备与安排，包括提前通知包括家长在内的人员做好参会准备，主持人介绍教育诊断报告书的草案，经过商议最终形成教育诊断报告书及支持服务计划（见表4-1）。

表4-1 生活自理能力评估

领域	现状摘要	建议事项
吃饭	挑食、需要辅助才能进食	养成独立的进食习惯、创造良好的进食环境
睡眠	不能轻松入睡	安静按时入睡
如厕	不去厕所、不蹲厕所、尿频、便秘、脱光衣服大小便等	感知及传达、选择场所、便后处理等
穿衣	强烈抵制替他梳洗、穿衣；被动地接受别人替他梳洗、穿衣	做好讲解与示范、加强练习
……		

五、个别化教育计划的形成之目标的撰写要求

在自闭症儿童生活自理能力训练的个别化教育计划中最核心的当属撰写个别化教育目标，目标的撰写需要注意要具有可操作性，即是具体描述性的，不能过于抽象或者概括，便于可测量与评估。比如自闭症儿童能自己解开衣服上的扣子、学会自己洗澡时擦肥皂等。在结构上，个别化目标应该包括"谁/在什么情况下/以多少成功比率/做什么"[①]。目标的选择需要明确两点，一为学生"所能"，目标是能够在目前的基础上可以实现的，比如学生目前能脱衣服及使用香皂，目标就可以制订为学习洗澡。二为学生所需，即目标一定是学生在实际生活上所需要的能力，强调实用性。

六、执行个别化教育计划

自闭症儿童生活自理能力的个别化教育计划制订后，专业人员就可以据此对自闭症儿童的生活自理能力进行训练。训练的过程中需要防止走两个极端，一是不按照个别化教育计划进行，随意性较大，显然这是不行的，也违背了个

---

① 张文京. 弱智儿童个别化教育与教学[M]. 重庆：重庆出版社，2005：111.

第四章　基于个别化教育计划之下的自闭症儿童生活自理能力训练模式

别化教育计划制订的初衷；二是对计划照抄照搬，机械对待，个别化教育计划制订的目标在实施过程中可能会出现与个体的实际发展情况不相符的情况，因此需要带着审慎的态度去看待个别化教育计划的实施。

七、评鉴个别化教育计划

在依据个别化教育计划对自闭症儿童的生活自理能力进行培养一段时间后，需要对个别化教育计划进行评鉴。目的是了解自闭症儿童生活自理能力阶段性培养目标的达成情况，以及为专业人员检查个别化教育计划是否合适的依据，同时也是下一阶段个别化教育计划制订的起点。

八、拟订新的个别化教育计划

在对先前个别化教育计划进行评鉴的基础上，还应该制订下一阶段的个别化教育计划，这时需要重点参考自闭症儿童现有的生活自理能力状况，因此必然涉及新的评估，评估时需要重点参考前期个别化教育计划的评定结果，并综合家长、教师等人的意见及观察的结果。新的个别化教育计划也应该重点关注自闭症儿童急需且欠缺的生活自理能力内容。

自闭症儿童生活自理能力个别化教育计划（见表4-2）。

表4-2　自闭症儿童生活自理能力个别化教育计划

领域	目标
穿脱衣	独立根据天气变化添加或增减衣物
饮食	不挑食、独立进食
睡眠	安静按时入睡
如厕	独立

（1）学生性别、出生日期；
（2）入学日期、本计划有效期限；
（3）未来安置；
（4）本期安置；
（5）长期目标；
（6）短期目标（见表4-3）。

表4-3　短期的目标

短期目标	教学策略	评鉴	备注
会自己解开衣服的扣子	小步子讲解示范		
偏食，能用筷子夹食物	应用行为分析法加强化		

第三节　个别化教育计划在自闭症儿童生活自理能力训练中的注意事项

一、不一定"一对一教学干预"

个别化教育计划并非一对一教学，但是部分特殊教育工作者容易将个别化教育计划理解为一对一教学。这样是对个别化教育计划片面地理解，对于特殊教育学校及康复机构的老师而言，对每位自闭症儿童进行单独的生活自理能力干预提升，精力与时间势必无法应付。事实上，老师或者专业技术人员在为每位自闭症儿童拟定个别化教育计划的目标后，可以将这些目标进行对比，按照自闭症儿童的发展能力与教育目标的近似程度，将发展能力与目标相近的自闭症儿童分为一组，以小组的方式进行统一提升。

二、不宜过于"局部化"

在自闭症儿童生活自理能力的个别化教育干预中，不宜过于局部化，即个别化干预不应该只是围绕狭义的生活自理能力展开，而应该尽可能地与其他方面进行联系，脱离其他能力或者对情景的分析，纯粹谈培养自闭症儿童的生活自理能力是不现实的，而且应该尽可能在自然、生活化的情景中去培养。

三、坚持评价方式的体系化

自闭症儿童的障碍的表现是与同年龄正常儿童的平均水平存在差异，这似乎总是容易让特殊教育工作者将包括自闭症在内的特殊儿童与同年龄的正常儿童进行横向比较，以此判断教育康复干预成效，但这是不利于个别化教育计划意义体现的，因为个别化教育计划强调的对某一具体的特殊儿童的针对性，需要关注纵向的比较。因此在以个别化教育计划为蓝本下进行的自闭症儿童生活自理能力训练中，应该坚持横向与纵向评价，以纵向进步为过程，最终实现目的性的横向比较评价，让自闭症儿童的障碍得到缓解，能够尽可能正常地参与日常生活。

第五章　自闭症儿童生活自理能力的课程开发

在自闭症儿童生活自理能力的训练中，坚持校本课程开发，以开发设计具有针对性且有效的课程，通过系统的模式，促进自闭症儿童生活自理能力的提升，具有相当的理论及现实意义。

事实上，通过校本课程开发不仅有助于自闭症儿童生活自理能力的提升，从另外一个角度而言，校本课程的开发需要教师的深度参与，对于老师的研究及编排课程的能力也是一种提升，促使他们去思考，培养他们的教学反思能力。

第一节　自闭症儿童生活自理能力课程开发的理念

一、注重环境生态取向

自闭症儿童生活自理能力课程具有一定的特殊性，表现为一是生活自理能力要求高度的生活环境融合性，生活自理能力的训练是源于生活实际，应用于生活实际；二是自闭症儿童的教育取向应该是功能性的，即帮助他们在生活、学习中尽可能获得成功或独立的技能；三是自闭症儿童认知和学习能力受限，思维主要表现为具体形象思维，缺乏抽象逻辑思维。因此介于上述特殊性，也就意味着一般传统意义上的课程类型并不适合自闭症儿童生活自理能力的提升，适合自闭症儿童生活自理能力的课程应该是具有足够的融合与开放性、突出生态学意义、注重功能性发挥、简明形象、具有可操作性的特征，因此自闭症儿童生活自理能力训练的课程应该是注重环境生态取向的。

要理解自闭症儿童生活自理能力课程的环境生态取向，需要理解生态取向的意义与环境取向的意义。第一、生态取向。关注了各个子系统在社会系统中的背景意义，强调分析具体问题一定要用系统联系的眼光。生态取向在自闭症儿童生活自理能力课程中主要表现为要关注自闭症儿童家庭的作用，课程的编制要邀请家长参与，课程的内容要突出家庭的参与，要在家庭和学校、社会之间保持开放与交流。第二、环境取向。环境取向表现为自闭症儿童生活自理能力的课程要高度突出融合与全纳的要求，强调要对学生生活学习的环境进行评估，包括学生生活的家庭及社区，在此基础上进行课程的编制。

二、强调生活化与针对性

教学内容和场景的设置要尽可能来自于生活实际，应该体现出生活化。教师以生活化的实物和高度日常生活的教学场景，帮助学生积极掌握生活自理能力，同时促进其从课堂习得的生活自理能力在生活中的迁移。

自闭症儿童生活自理能力课程的针对性要求课程既要体现出共性又要体现出差异性。共性表现为生活自理能力训练的内容对所有自闭症儿童都一样，在目标上有共同性，旨在能够适应生活。差异性指的是生活自理能力训练的重点因儿童而不同，突出的是个别儿童的薄弱环节。

三、概念以生活适应为导向

自闭症儿童生活自理能力的概念决定了内容的选择，不同的概念会有不同的内容编排。目前对自闭症儿童生活自理能力的定义有广义和狭义之分，狭义的生活自理能力仅仅包括进餐、穿脱衣物、如厕、睡眠等。广义的生活自理能力是以生活适应为导向的，涉及学生生活的各个领域，涵盖了个人生活、社会生活、安全常识[1]。其中个人生活领域的内容有个人卫生、餐饮、排泄、着装、睡眠、走路的仪态、出行、电话的使用等，家庭生活领域的内容主要由基本常识、家务、理财、就诊、家庭公德等，社会生活领域的主要内容有了解社会环境、遵守社会规范、参与社会生活，安全常识领域的内容有家居和校园内的安全、交通安全、游玩安全、简单急救等[2]。

自闭症儿童生活自理能力的课程开发应该以广义的生活适应为导向。今天的特殊教育强调对障碍人士权利的关注，美国的个别化教育计划将障碍个体成年后应该拥有的权利明确写进个别化教育计划中，就是一个例子。狭义的生活自理能力观不利于自闭症儿童权利的实现，因此强调以生活适

---

[1] 李潇. 自闭症谱系障碍儿童生活自理课程开发的行动研究[D]. 兰州：西北师范大学，2017：22.
[2] 屠荣荣. 自闭症谱系障碍学生生活适应课程方案设计与实施效果研究——以威海市特殊教育学校为例[D]. 上海：华东师范大学，2015：14.

应作为自闭症儿童生活自理能力的课程观。

四、注重个别化教育

在自闭症儿童生活自理能力的课程中应该体现出个别化教育原则，表现为：一是注重评估，明确自闭症儿童生活自理能力训练的发展目标，包括专业人员评估、听取家长和老师意见等，同时干预一段时间后还需要进行新的评估，明确自闭症儿童下一步训练的目标。二是关注转衔，即生活自理能力的训练应该注意到学段的衔接以及进入社会生活的衔接，并做好相应的准备。三是课程内容应该体现出多学科多专业人员协作。自闭症儿童生活自理能力的训练应该是教师、康复师、心理工作者、社会工作者协作的过程，这样才能真正做好自闭症儿童的生活自理能力训练。

五、支持环境的构建

自闭症儿童生活自理能力课程的内容架构应该指向两个方面，一是指向自闭症儿童本身，强调通过外围人员为自闭症儿童提供生活自理能力学习的机会，提高他们应对生活。二是指向外围环境，强调优化环境，通过无障碍设施的构建及提高社会接纳度，也即体现出足够的社会支持意涵。

在自闭症儿童生活自理能力的课程开发中落实社会支持，要求课程的编制者要积极向社会介绍自闭症儿童的特殊性，向社会和社区宣传自闭症患者需要得到足够的理解和帮助，同时课程的编制者也要在课程的内容上体现对社会资源的运用，比如周边的学校和社区资源等。

六、注重精细动作的训练

精细动作又叫小肌肉运动，就是手的活动，包括手眼协调、指尖动作和手指伸展等局部运动，是婴幼儿从大肌肉到小肌肉、从整体到分化的发展过程[1]，依靠精细动作，个体能够在感知觉、注意等心理活动配合下完成特定任务，它不仅是个体早期发展的重要方面，而且是个体其他方面发展的重要基础[2]。

生活自理能力与精细动作密切相关，因此对自闭症儿童生活自理能力

---

[1] 朱红英. 0~3 岁婴幼儿精细动作发展的促进策略研究[D]. 长春：东北师范大学，2011：18.
[2] 梅宗杰. 精细动作训练提升中度智力障碍儿童生活自理能力的个案研究[D]. 成都：四川师范大学，2019：17.

的提升必须关注到精细动作的发展,要创造条件让自闭症儿童掌握抓、握、拍、打、叩、敲、击打、挖、写、画等动作,培养手的灵活性、准确性、提高手眼协调能力,提高精细动作,促进生活自理能力的养成。

在自闭症儿童生活自理能力课程的设计中体现精细动作的训练,需要先对精细动作进行评估,可以用中国香港学前儿童小肌肉发展评估工具(简称 HK-PFMDA)[①],共有 87 个评估项目,涵盖 0~6 岁一般发展儿童的基本手部技巧、手部操作技巧及写前技巧,HK-PFMDA 具有良好的信效度,可以在自闭症儿童精细动作的评估中使用。

对于精细动作发展不足的自闭症儿童,就需要进行专门的精细动作训练,训练的原则也是在生活自理能力中进行,比如以吃饭拿筷子为例,可以将其分解为如下四个方面的精细动作:肌肉、耐力、协调性、灵活度。肌肉下又可分为前三指肌力、手腕肌力,耐力又可分为前三指耐力、手腕耐力,协调性分为前三指协调性和手眼协调性,灵活度分为前三指灵活度和手腕灵活度[②]。

第二节 自闭症儿童生活自理能力课程的开发

一、明确指导思想

自闭症儿童生活自理能力的课程要做到以实践为导向,以提高自闭症儿童应对正常生活需求的基本能力为最终目的,体现的是对自闭症儿童今后生活权利的尊重。自闭症儿童生活自理能力的课程要坚持融合、开放、互动的理念,以生活实践活动为背景,注重学校、家庭、社区、社会的资源共享,实现自闭症儿童生活自理能力源于现实生活,回归于现实生活。

二、明确目标

对自闭症儿童生活自理能力发展情况的评估,包括量表的测评、家长教师访谈、研究者系统观察。在评估的基础上,明确自闭症儿童生活自理能力的情

---

① 协康会作用治疗师团队. 香港学前儿童小肌肉发展评估[M]. 香港:协康会,2012:9.
② 梅宗右. 精细动作训练提升中度智力障碍儿童生活自理能力的个案研究[D]. 成都:四川师范大学,2019:6.

况，包括已有能力、待发展能力、已有培养方面的基本情况。对自闭症儿童生活自理能力已有培养方面基本情况的了解，目的在于知悉先前的教育方式，避免后续培养在手段和方式上与先前存在过大的差异，导致自闭症儿童不适应。

此外，自闭症儿童生活自理能力目标技能的确定，目标技能的选择需要考虑如下：一是符合最近发展区理论。目标的确定不能太难，太难会让自闭症儿童产生习得无助感，目标的确定太简单，则会让儿童觉得训练乏味。所以要选择那些对自闭症儿童而言有一定挑战性，但是在专业支持人员或老师家长的帮助下可以掌握的技能。二是选择的目标技能是自闭症儿童生活所急需的。虽然，本书倾向于将生活自理能力定义为广义，即指向多方面的生活能力，但需要注意的是目标是动态性的，而且一定要先体现对急需的基本性能力培养，比如如厕、进食、穿衣等的培养比起沟通是更为急需的，然后再过渡到其他高阶能力，比如沟通交流能力等。三是重视他人的期望。包括听取家长老师的期望，其实这并不是忽视了儿童自己的主体性，家长和教师对自闭症儿童的情况比较了解，专业人员再辅以专业分析，家长和老师就能为目标技能的确定提供有帮助的意见。

概而言之，自闭症儿童生活自理能力课程的核心目标是突出生活化，通过丰富充实的学习生活，为满足自闭症儿童适应未来生活做准备。

三、组织架构

课程开发前就要制订课程开发的组织架构，包括明确课程开发的原则与核心理念、开发的人员、课程开发的实施程序等。

四、课程内容

通过评估，结合课程的目标，制订自闭症儿童生活自理能力课程的主要内容，包括洗手、如厕、睡眠、进餐、自我安全、对社会规范的遵守、人际交往的基本技能。每一个大内容下采用任务分析，分为若干连贯的小技能要求，内容的呈现上多突出程序性知识，强调实践操作。具体而言，本书从自闭症儿童生活自理能力的领域、训练的方法和焦点问题这几个方面，阐述自闭症儿童生活自理能力训练的课程内容。

（一）领域

因前面有较多篇幅涉及自闭症儿童生活自理能力的领域，此处不再赘述。

（二）方法

通过对自闭症儿童生活自理能力相关研究的分析，发现目前最有效的训练方法是录像示范法、视频提示法和丹佛模式[1]。录像示范法指老师或者训练人员让自闭症儿童观看自己或他人正确完成目标行为时的录像，引导自闭症儿童通过模仿习得目标技能的方法，包括自我录像示范、同伴录像示范、成人录像示范、观点录像示范、混合示范等。视频提示法将目标技能进行分解，以"小步子"方式向学生展示一个片段，并提供练习的机会，根据练习反馈决定是否和如何继续进行下一步操作[2]。由于这些方法的优势，因此，我们也建议在自闭症儿童生活自理能力的训练中积极运用这些训练方法（见图5-1）。

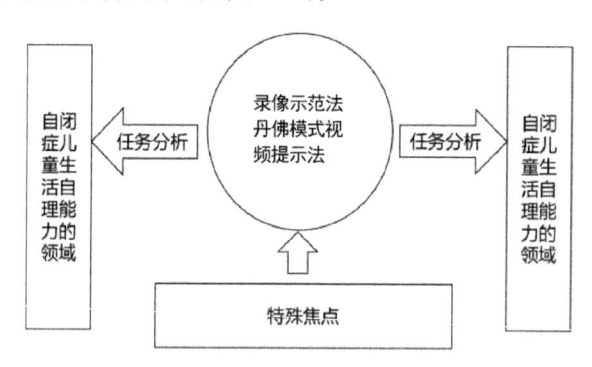

图 5-1　自闭症儿童生活自理能力课程内容架构

（三）特殊焦点

在自闭症儿童生活自理能力的训练中，有一些特殊点值得我们关注，甚至是值得我们引入自闭症儿童生活自理能力的课程中，比如引导父亲积极参与、关注影响自闭症儿童生活自理能力的预测性因素等[3]。

1. 引导父亲积极参与

传统意义而言，在自闭症儿童的生活和成长中，母亲陪伴更多，父亲更多是提供经济支持，导致母亲存在较大的心理压力，母亲的心理压力过大势必影

---

[1] 曲萌. 国外自闭症儿童生活自理能力研究热点与前沿——基于 WOS 数据库的 CiteSpace 分析[J]. 软件导刊，2021（02）：175-179.
[2] 同上.
[3] 同上.

第五章　自闭症儿童生活自理能力的课程开发

响到自闭症儿童的生活自理能力训练效果,如果父亲花时间参与自闭症儿童生活自理能力的训练,就会有助于减缓母亲的压力,为儿童的成长提供较为友好的氛围。另外有研究指出父亲与母亲的语言模型不同,可能会对儿童的沟通和发展产生独特的明显影响[①],而且父亲可以以游戏的方式与儿童互动,在游戏互动中用快乐的方式帮助自闭症儿童自觉养成生活自理能力。

2. 关注影响自闭症儿童生活自理能力的预测性因素

关注自闭症儿童生活自理能力的预测性影响因素,有助于提高训练的针对性和有效性。比如研究指出早期非语言智力年龄是生活自理能力发展程度的重要预测指标,具有较高非语言问题解决能力和接受语言能力儿童的生活自理能力发展更快,在青春期后期,特别是对于家庭技能(例如家庭安全、家务、食物准备),儿童的生活自理能力发展速度有所减慢[②],因此在自闭症儿童生活自理能力的训练中,专业人员就应该注重对语言理解和接受能力的培养,同时坚持越早训练越好的原则。

五、课程的实施

在自闭症儿童生活自理能力课程的实施中,需要坚持创生取向,即课程的实施者不必完全照搬课本或者方案,可以根据实际情况酌情予以调整,做到生成与预设的动态平衡[③],特别是根据自闭症儿童的反馈进行课程实施的优化。

具体而言,在自闭症儿童生活自理能力训练的课程实施中,坚持创生取向需要:第一,转变教师或专业训练人员的忠实实施观念。通常而言,在自闭症儿童生活自理能力的训练中,教师或者专业人员容易按照课本或资料严格执行,表现为课程实施的忠实取向。坚持创生取向需要让课程实施者明白,课程的实施并非是一个按照指示来完成任务的机械过程,应该是一个意义与价值的实用现过程,不仅可以提高课程实施的针对性,当课程的实施者反思课程的实用性并作出适当调整时,课程的实施者也获得了成长。第二,

---

① Mitchell J, Lashewicz B. More than a pal: the generative leisure work of fathers raising children with autism spectrum disorder[J]. Fathering, 2015(02): 130-145.
② Bal V, Kim S, Cheong D. Daily living skills in individuals with autism spectrum disorder from 2 to 21 years of age[J]. Autism, 2015(07): 774-784.
③ 杨鑫,景梅梅. STEAM教育理念下综合实践活动课程实施的创生取向研究[J]. 当代教育与文化, 2021(01): 33-39.

课程的运作追求实践理性[1]。在自闭症儿童生活自理能力训练课程的实施中，坚持创生取向需要落实好对实践理性的回应，即对课程实施的反思应该是立足于每一个具体的、特殊的课程实践情景。充分了解并尊重课程实践情况的独特性、多样性和复杂性[2]，考虑到每一个自闭症儿童及其生活场景的独特性，以此对课程文本进行建构性重组，确保课程的实施对每一个自闭症儿童都是贴切的。第三，做好反思的自觉性与过程性[3]。在自闭症儿童生活自理能力课程的创生实施中，不仅要在实践中积极反思建构课程，还要兼具自觉性与过程性（见图 5-2）。自觉性指的是：课程的创生不应该是碎片化、无意识的改造，而应该是系统有计划、全面且突出重点的改造，以促使自闭症儿童生活自理能力的最大发展。过程性指的是：课程的实施是一个过程，因此创生课程取向应该是不断的创生，从课程实施的开始一直到结束。

课程的创生取向		
转变忠实实施取向观念	追求实践理性	反思性与自觉性、过程性的融合

图 5-2　自闭症儿童生活自理能力训练课程的创生实践模式取向

六、课程的评价与修正

课程设计好后以及经过一段时间的教学，还需要进行一定的评价与修正，包括：（1）对课程方案可行性的评价，涵盖课程目标的设置、实施过程的可操作性、内容的针对性等；（2）对学生学习课程的评价，包括课业成绩、学习态度、技能获得等；（3）对教师课程实施的评价，包括每单元的教学计划、教案、教学反思等。

在课程的评价过程中，需要坚持评价主体的多样性，比如涵盖教师、课程编制者、家长和学生，听取多样化评价主体的意见，以此确保意见的全面性，再以此为基础进行课程的修正。

---

[1] 刘霞.幼儿园课程创生：内涵、价值与实践路径[J].教育导刊(下半月),2020(01):21-24.
[2] 同上.
[3] 同上.

实践篇

第六章 自闭症儿童的饮食

第一节 培养进食的能力

一、训练目标

（1）训练学生具有基本的双唇能力。
（2）训练学生具有基本的伸舌能力。
（3）训练学生具有基本的喝的能力。
（4）训练学生具有基本的咀嚼的能力。

二、训练内容

（一）双唇活动

活动1：吹泡泡

1. 活动目标
◎训练学生嘟嘴的能力。
◎训练学生吹出气体。
2. 活动准备
◎学生喜欢的玩具、食品、泡泡水等数件。
3. 活动步骤
◎师生问好，教师带领学生做常规准备活动。
◎嘴唇操。
——选择学生喜欢的音乐，跟随音乐和老师一起做嘴唇操：小兔子小兔子跳呀跳，跳到宝宝小嘴上上；宝宝小嘴"嘟嘟嘟"，宝宝小嘴"叭叭叭"；宝宝小嘴舔舔，可爱的宝宝我最爱！
◎游戏活动。

——教师组织学生进行吹泡泡的活动，教师先做示范：将吹泡泡的工具拿出，蘸取泡泡水，嘴巴对着吹泡泡的工具用力吹气，吹出泡泡。请学生吹泡泡，及时辅助和奖励，多次练习，逐渐减少辅助。

4. 活动建议

◎本活动的强化物较多使用小块食物。

◎本活动建议长期训练。

活动名称2：呜呜开火车

1. 活动目标

◎训练学生嘟嘴的能力。

◎训练学生发出"呜呜"的长音，引发学生快乐的情绪和模仿的兴趣。

2. 活动准备

◎学生喜欢的小动物模型数件。

3. 活动步骤

◎师生问好，教师带领学生做常规准备活动。

◎嘴唇操。

——选择学生喜欢的音乐，跟随音乐和老师一起做嘴唇操：小兔子小兔子跳呀跳，跳到宝宝小嘴上上；宝宝小嘴"嘟嘟嘟"，宝宝小嘴"叭叭叭"；宝宝小嘴舔舔，可爱的宝宝我最爱！

◎游戏活动。

——教师组织学生进行游动物园的游戏：教师作火车头，邀请学生上车（要求学生有嘟嘴或发出"呜呜"声音），绕圈慢跑。教师发出开火车的声音——呜呜呜，双手握拳旋转，做出车轮滚动状。请学生当火车头，及时辅助和奖励，多次练习，逐渐减少辅助。

4. 活动建议

◎本活动建议可变换开火车游览的地点，进行多次练习，如逛公园等。

活动名称3：吹羽毛

1. 活动目标

◎训练学生嘟嘴的能力。

◎训练学生吹出气体。

2. 活动准备

◎学生喜欢的各色羽毛、强化物数件。

3. 活动步骤

◎师生问好，教师带领学生做常规准备活动。

◎嘴唇操。

——选择学生喜欢的音乐，跟随音乐和老师一起做嘴唇操：小兔子小兔子跳呀跳，跳到宝宝小嘴上上；宝宝小嘴"嘟嘟嘟"，宝宝小嘴"叭叭叭"；宝宝小嘴舔舔，可爱的宝宝我最爱！

◎游戏活动。

——教师组织学生进行吹羽毛的活动，教师先做示范：嘟起双唇，用力吹出气体。之后教师将羽毛放在学生面前，请学生将羽毛吹动。及时辅助（学生不能吹出气体时，可捏住双鼻，按压腹部）和奖励，后随能力的提高逐渐减少辅助。

◎延伸活动。

——在桌上设定起点和终点，教师示范将羽毛由起点吹到终点。组织学生选取不同颜色的羽毛进行吹羽毛比赛。

4. 活动建议

◎本活动建议在比赛分组中将能力相差不大的分为一组，降低学生的挫败感。

活动名称4：射龙门

1. 活动目标

◎训练学生嘟嘴的能力。

◎训练学生吹出气体。

2. 活动准备

◎塑料或纸做的"龙门"、乒乓球、强化物数件。

3. 活动步骤

◎师生问好，教师带领学生做常规准备活动。

◎嘴唇操。

——选择学生喜欢的音乐，跟随音乐和老师一起做嘴唇操：小兔子小兔子跳呀跳，跳到宝宝小嘴上上；宝宝小嘴"嘟嘟嘟"，宝宝小嘴"叭叭叭"；宝宝小嘴舔舔，可爱的宝宝我最爱！

◎游戏活动。

——教师将乒乓球放在桌上，在桌的一角设有"龙门"，教师示范将球吹入"龙门"，请学生模仿。刚开始时可将球放在距"龙门"较近的位置，只需轻轻一吹，球就进入"龙门"；学生会吹出气体后逐渐拉大球与"龙门"之间的距离。

◎延伸活动。

——将学生进行分组，以竞赛的形式进行训练。

4. 活动建议

◎本活动建议在后期可在球与"龙门"之间增设障碍物。

◎本活动建议长期训练。

活动名称5：吹画

1. 活动目标

◎训练学生嘟嘴的能力。

◎训练学生吹出气体。

2. 活动准备

◎各色颜料、盘子、毛球、白纸数件。

3. 活动步骤

◎师生问好，教师带领学生做常规准备活动。

◎嘴唇操。

——选择学生喜欢的音乐，跟随音乐和老师一起做嘴唇操：小兔子小兔子跳呀跳，跳到宝宝小嘴上上；宝宝小嘴"嘟嘟嘟"，宝宝小嘴"叭叭叭"；宝宝小嘴舔舔，可爱的宝宝我最爱！

◎游戏活动。

——教师示范：将调好的黑色颜料，滴上一滴在白纸上，再不断地用气吹，吹出树枝的形状；使用毛球蘸上红色的颜料摁在树枝上，形成一幅画。激发学生作画的兴趣后，给每位学生一张白纸，滴上一滴黑色颜料，请学生用力吹。吹出树枝后，请学生用毛球蘸取颜料摁在树枝上。

◎延伸活动。

——教师将学生作品进行展示，激发他们学习的兴趣。

4. 活动建议

◎本活动建议可在家中多次练习。

活动名称6：唇印"美美哒"

1. 活动目标

◎训练学生双唇闭合的能力。

2. 活动准备

◎镜子、口红、白纸、强化物、湿纸巾。

3. 活动步骤

◎师生问好，教师带领学生做常规准备活动。

◎嘴唇操。

第六章 自闭症儿童的饮食

——选择学生喜欢的音乐，跟随音乐和老师一起做嘴唇操：小兔子小兔子跳呀跳，跳到宝宝小嘴上上；宝宝小嘴"嘟嘟嘟"，宝宝小嘴"叭叭叭"；宝宝小嘴舔舔，可爱的宝宝我最爱！

◎游戏活动。

——教师示范：取出口红，将口红涂在双唇上，双唇闭合，将白纸覆在双唇上用力摁，取下白纸，多印几次形成花状，向学生展示成果，激发学生兴趣。在镜前给学生涂上口红，自己印出自己的唇印，然后一起欣赏纸上的唇印。用湿纸巾擦掉口红。

4. 活动建议

◎本活动建议教师按照一定的规律印出唇印。

活动名称7：拔河

1. 活动目标

◎训练儿童抿嘴的能力。

2. 活动准备

◎山楂片、长条的红薯干

3. 活动步骤

◎师生问好，教师带领学生做常规准备活动。

◎嘴唇操

——选择学生喜欢的音乐，跟随音乐和老师一起做嘴唇操：小兔子小兔子跳呀跳，跳到宝宝小嘴上上；宝宝小嘴"嘟嘟嘟"，宝宝小嘴"叭叭叭"；宝宝小嘴舔舔，可爱的宝宝我最爱！

◎游戏活动。

——教师先让学生嘴唇含住山楂片，测试其抿唇的能力（教师数数）。教师告知学生进行拔河比赛：学生双唇抿住红薯干一端，教师拉住红薯干的另一端，稍稍用力让学生的唇部肌肉有内收的趋势，并给予数字提示（从1开始数）。

4. 活动建议

◎本活动建议教师要求学生用嘴含住，而不是用牙齿咬住。

◎本活动建议教师在红薯干要掉前，立刻停止，并给予表扬。

◎本活动的红薯干可以换成学生喜欢的物品，如牛肉干等。

活动名称8：吸水

1. 活动目标

◎训练学生抿嘴的能力。

◎增加学生肺活量。

2. 活动准备

◎水，杯子，大小长短不一的吸管。

3. 活动步骤

◎师生问好，教师带领学生做常规准备活动。

◎嘴唇操。

——选择学生喜欢的音乐，跟随音乐和老师一起做嘴唇操：小兔子小兔子跳呀跳，跳到宝宝小嘴上上；宝宝小嘴"嘟嘟嘟"，宝宝小嘴"叭叭叭"；宝宝小嘴舔舔，可爱的宝宝我最爱！

◎游戏活动。

——教师示范使用吸管将水从杯子中吸出。请学生使用吸管从杯中吸水。学生能够吸出水后，分组进行比赛。

4. 活动建议

◎本活动建议吸管由大到小，由短到长。

◎本活动建议水可适当放糖或换成学生喜欢的饮料。

活动名称9：吸球

1. 活动目标

◎训练学生抿嘴的能力。

◎增加学生肺活量。

2. 活动准备

◎乒乓球、小篮子、大小长短不一的吸管。

3. 活动步骤

◎师生问好，教师带领学生做常规准备活动。

◎嘴唇操。

——在"一对一"的教学中，选择学生喜欢的音乐，跟随音乐和老师一起做嘴唇操：小兔子小兔子跳呀跳，跳到宝宝小嘴上上；宝宝小嘴"嘟嘟嘟"，宝宝小嘴"叭叭叭"；宝宝小嘴舔舔，可爱的宝宝我最爱！

◎游戏活动。

——教师示范使用吸管将乒乓球从篮子中吸出，放入另一个篮子中。请学生操作。组队进行竞赛。

4. 活动建议

◎本活动建议篮子之间的距离不断拉大。

◎本活动建议吸管由大到小，由短到长。

（二）伸舌活动

活动名称1：你的舌头真厉害

1. 活动目标
◎训练学生舌头的灵活度。
◎训练学生动作模仿的能力。
2. 活动准备
◎学生喜欢的玩具、有木棒的麦芽糖数件、湿纸巾、纸巾。
3. 活动步骤
◎师生问好，教师带领学生做常规准备活动。
◎小手操。
——小手小手拍拍（动作：小手拍），我的小手举起来（动作：小手举起）；小手小手拍拍（动作：小手拍），我的小手抱起来（动作：双手相握）；小手小手拍拍（动作：小手拍），我的小手转起来（动作：双手转）；小手小手拍拍（动作：小手拍），我的小手藏起来（动作：双手藏背后）。
◎游戏活动。
——教师做示范将舌头伸出舔麦芽糖吃，请学生伸出舌头模仿舔麦芽糖吃。活动结束后用湿纸巾擦嘴。
◎延伸活动。
——教师做示范扮鬼脸，伸出舌头四方摆动，请学生模仿。
4. 活动建议
◎本活动建议教师使用的每根棍上的糖要很少。

活动名称2：舔舔舔

1. 活动目标
◎训练学生舌头的灵活度。
◎训练学生动作模仿的能力。
2. 活动准备
◎白糖、盘子、蜂蜜、湿纸巾。
3. 活动步骤
◎师生问好，教师带领学生做常规准备活动。
◎小手操。
——小手小手拍拍（动作：小手拍），我的小手举起来（动作：小手举起）；小手小手拍拍（动作：小手拍），我的小手抱起来（动作：双手相握）；

小手小手拍拍（动作：小手拍），我的小手转起来（动作：双手转）；小手小手拍拍（动作：小手拍），我的小手藏起来（动作：双手藏背后）。

◎游戏活动

——教师做示范将舌头伸出舔盘子上的白糖，请儿童伸出舌头模仿舔。活动结束后用湿纸巾擦嘴。

◎延伸活动

——教师做示范将蜂蜜涂在唇的四周，伸出舌头四方舔，请儿童模仿。活动结束后用湿纸巾擦嘴。

4. 活动建议

◎本活动建议教师控制糖量。

◎本活动建议当学生舌头不灵活时，可使用压舌板辅助。

（三）喝的活动

活动名称1：咕噜咕噜，过桥啦

1. 活动目标

◎训练学生喝的能力。

2. 活动准备

◎玩偶、柠檬水、透明吸管大小不一数件、纸杯。

3. 活动步骤

◎师生问好，教师带领学生做常规准备活动。

◎小手操。

——小手小手拍拍（动作：小手拍），我的小手举起来（动作：小手举起）；小手小手拍拍（动作：小手拍），我的小手抱起来（动作：双手相握）；小手小手拍拍（动作：小手拍），我的小手转起来（动作：双手转）；小手小手拍拍（动作：小手拍），我的小手藏起来（动作：双手藏背后）。

◎游戏活动。

——教师拿出玩偶，"今天我带小朋友们去XX家玩，XX很热情地款待我们，它请我们喝柠檬水，但是得用吸管喝哦！"教师将吸管弯出不同花样，吸引学生兴趣。教师请学生挑选吸管，将装有柠檬水的纸杯放在学生桌前，请学生用吸管喝柠檬水。学生一边喝，老师一边唱："过桥啦过桥啦！柠檬水到了嘴里啦！"

4. 活动建议

◎本活动的水先用学生喜欢喝的水。

◎本活动建议学生喝水时，吸管由粗变细变长。

活动名称2：偷可乐喝的小老鼠

1. 活动目标

◎训练学生喝的能力。

◎训练学生模仿的能力。

◎让学生积极参与活动，体验游戏与合作的快乐。

2. 活动准备

◎老鼠头饰数件、可乐数小杯。

3. 活动步骤

◎师生问好，教师带领学生做常规准备活动。

◎小手操。

——小手小手拍拍（动作：小手拍），我的小手举起来（动作：小手举起）；小手小手拍拍（动作：小手拍），我的小手抱起来（动作：双手相握）；小手小手拍拍（动作：小手拍），我的小手转起来（动作：双手转）；小手小手拍拍（动作：小手拍），我的小手藏起来（动作：双手藏背后）。

◎游戏活动

——教师播放老鼠叫声的音乐，请学生倾听，"猜猜是谁来和我们做游戏？"教师用身体动作表现小老鼠的形象。

——教师扮演"鼠大王"，带着"小老鼠"出去找吃的。鼓励学生表现小老鼠偷偷摸摸的样子，脚步轻轻、东张西望。音乐提示：听到哨声后才出发；喝可乐的时候听到"咕噜咕噜"的声音；要喝完时听到猫叫快快逃跑。

◎活动素材

活动音乐（少儿舞蹈《猫鼠之夜》音乐节选）

音乐中的旁白

我是个聪明的勇敢的打败猫的老鼠，哦，老鼠。

我是个肚子饿偷油喝不擦嘴的老鼠，哦，老鼠。

我是个会唱歌会跳舞会动粗的老鼠，哦，老鼠。

我是个漂亮的耍酷的可爱的老鼠，哦，老鼠。

4. 活动建议

◎本活动的可乐可以换成儿童喜欢的任意饮料。

◎本活动可以让一儿童扮演猫的角色。

活动名称3：我会喝水

1. 活动目标

◎训练儿童接水的能力。
◎训练儿童喝水的能力。
2. 活动准备
◎有水的饮水机、杯子。
3. 活动步骤
◎师生问好，教师带领学生做常规准备活动。
◎小手操。
——小手小手拍拍（动作：小手拍），我的小手举起来（动作：小手举起）；小手小手拍拍（动作：小手拍），我的小手抱起来（动作：双手相握）；小手小手拍拍（动作：小手拍），我的小手转起来（动作：双手转）；小手小手拍拍（动作：小手拍），我的小手藏起来（动作：双手藏背后）。
◎游戏活动
——教师示范接水动作：将杯子拿到饮水机出水口下方；用食指按下开关；杯子接满水后关闭开关。请学生练习。
——教师示范喝水动作：右手伸手握住装满水的杯子；将杯子送到嘴边；倾斜杯子使水流进嘴巴；喝下水后将杯子平稳放回原处。请学生练习。
4. 活动建议
◎本活动建议在生活实际场景中泛化，如课间休息或午睡起床后喝水。
◎本活动建议在练习中的水可以放些糖，以此作为自然强化物。

（四）咀嚼的活动

活动名称1：嘎嘣嘎嘣脆

1. 活动目标
◎训练学生咀嚼的能力。
2. 活动准备：
◎学生喜欢的食物数件，软硬不一。
3. 活动步骤
◎师生问好，教师带领学生做常规准备活动。
◎牙齿操。
——选择学生喜欢的音乐，跟随音乐和老师一起做牙齿操：刷刷我的小牙齿，牙齿白又白；磨磨我的小牙齿，牙齿很健康；碰碰我的小牙齿，牙齿真坚固！
◎游戏活动。

——教师组织学生进行磨牙的活动，教师将易碎的食物放在学生的牙齿处，让学生咬住并咬断。

4. 活动建议

◎本活动的咬碎物品由大块逐渐变小。

活动名称2：小白兔吃胡萝卜

1. 活动目标

◎训练学生咀嚼的能力。

◎训练学生模仿的能力。

2. 活动准备

◎熟的胡萝卜条、小白兔的头饰数个、小白兔吃胡萝卜的动画视频。

3. 活动步骤

◎师生问好，教师带领学生做常规准备活动。

◎牙齿操。

——选择学生喜欢的音乐，跟随音乐和老师一起做牙齿操：刷刷我的小牙齿，牙齿白又白；磨磨我的小牙齿，牙齿很健康；碰碰我的小牙齿，牙齿真坚固！

◎游戏活动。

——教师出示小白兔的图片，边念旁白边做动作：小小的三瓣嘴（三个手指头伸出做合拢、张开状），白白的长耳朵（食中指向上伸出放在头顶向上伸出），短短的小尾巴（屁股扭扭），红红的大眼睛（做"OK"手指放在眼角处随头晃动）。学生模仿做动作。

——教师播放小白兔吃胡萝卜的视频，教师指出小白兔吃胡萝卜的动作，请学生模仿。给学生带上小白兔头饰，请他们吃胡萝卜，强调用门牙咬。

4. 活动建议：

◎本活动的胡萝卜条由大块逐渐变小。

◎本活动的胡萝卜条可由学生喜欢的物品代替。

第二节 进食的方式

一、训练目标

（1）训练学生用手拿食物吃的能力。

（2）训练学生用汤匙进食的能力。
（3）训练学生用筷子夹食物的能力。

二、训练内容

（一）用手拿

活动名称：我的小手真厉害！

1. 活动目标
◎训练学生用手拿物。
2. 活动准备
◎学生喜欢的强化物，软球。
3. 活动步骤
◎师生问好，教师带领学生做常规准备活动。
◎手指操。
——选择学生喜欢的音乐，跟随音乐和老师一起做手指操：一个手指头呀，一个手指头呀，变呀变呀变呀，变成毛毛虫呀，爬爬爬；两个手指头呀，两个手指头呀，变呀变呀变呀，变成小白兔呀，跳跳跳；三个手指头呀，三个手指头呀，变呀变呀变呀，变成大花猫呀，喵喵喵；四个手指头呀，四个手指头呀，变呀变呀变呀，变成大螃蟹呀，哼哼哼！五个手指头呀，五个手指头呀，变呀变呀变呀，变成大老虎呀，哈哈哈！
◎游戏活动。
——教师先与学生玩抛软球的游戏，再将学生分组竞赛捡软球，看哪组捡得多。
◎延伸活动。
——选择不同的物品进行抛接游戏，即使是同一个物体，其放置方式不同，我们用手拿取的方式就不同。如奶盒树立时可用捏取方式获得，但其横放时就需用抓的方式获得。
4. 活动建议
◎活动开始时一定要选择较大的软球，后期逐渐将球变小。
◎本活动捡取的物品可由大到小，后期在自然教学中将强化食物换成小块，用拇食指捏取。
◎本活动根据学生的能力来提要求：按照五指抓握—尾三指抓握—前

三指相捏—拇食指相捏的顺序进行。
◎本活动捏取的物品可以换成饼干屑、葡萄干等较小的物品。

（二）用汤匙舀

活动名称：带着汤圆回家了
1. 活动目标
◎训练学生能够使用汤匙舀物品。
2. 活动准备
◎汤匙、大小不一的圆形物品、碗、煮熟的汤圆。
3. 活动步骤
◎师生问好，教师带领学生做常规准备活动。
◎手指操。
——选择学生喜欢的音乐，跟随音乐和老师一起做手指操：一个手指头呀，一个手指头呀，变呀变呀变呀，变成毛毛虫呀，爬爬爬；两个手指头呀，两个手指头呀，变呀变呀变呀，变成小白兔呀，跳跳跳；三个手指头呀，三个手指头呀，变呀变呀变呀，变成大花猫呀，喵喵喵；四个手指头呀，四个手指头呀，变呀变呀变呀，变成大螃蟹呀，哼哼哼！五个手指头呀，五个手指头呀，变呀变呀变呀，变成大老虎呀，哈哈哈！
◎游戏活动
——舀汤圆：教师把圆形物品放在桌面上的大碗里，教师示范用汤匙将圆形物品舀到另一只小碗里：右手握住汤匙，用汤匙舀起物品，将汤匙移动到小碗上方，右手向内旋转倾斜汤匙倒出物品到小碗里。之后让学生操作。
——吃汤圆：学生较为熟练后，教师示范吃汤圆的步骤：双手平稳端起碗，将碗放在自己面前的桌上；右手握住汤匙，用汤匙舀汤圆；将盛有汤圆的汤匙送到嘴边；张嘴含住食物，咀嚼吞咽；将汤匙放回碗中。之后让学生操作。
4. 活动建议
◎本活动的圆形物品由小到大，数量由多到少，碗与碗之间的距离由近到远。
◎本活动舀汤圆环节建议以竞赛的方式完成。
◎本活动建议吃汤圆环节在实际场景中长期进行，如间餐等。

（三）用筷子吃饭

活动名称1：我会用筷子

1. 活动目标
◎训练学生能够使用筷子夹起物品。

2. 活动准备
◎碗数只，筷子数根，有颜色的软的汤圆模型由大到小数个。

3. 活动步骤
◎师生问好，教师带领学生做常规准备活动。
◎手指操。
——选择学生喜欢的音乐，跟随音乐和老师一起做手指操：一个手指头呀，一个手指头呀，变呀变呀变呀，变成毛毛虫呀，爬爬爬；两个手指头呀，两个手指头呀，变呀变呀变呀，变成小白兔呀，跳跳跳；三个手指头呀，三个手指头呀，变呀变呀变呀，变成大花猫呀，喵喵喵；四个手指头呀，四个手指头呀，变呀变呀变呀，变成大螃蟹呀，哼哼哼！五个手指头呀，五个手指头呀，变呀变呀变呀，变成大老虎呀，哈哈哈！
◎游戏活动。
——练习夹夹夹：选择学生喜欢的音乐，跟随音乐和老师一起用筷子做出夹夹夹的动作。
——教师示范：右手拿起两根筷子，使用筷子夹起汤圆模型，将汤圆放到另一碗里。请学生操作，及时给予辅助，多次练习后，减少辅助。

4. 活动建议
◎逐渐增加碗与碗之间的距离，所夹物品逐渐变小。
◎本活动建议穿插学生会的一些活动，减少学生挫折感。

活动名称2：我的小手真能干

1. 活动目标
◎训练学生尝试使用筷子，激发他们自己动手做事的意愿。
◎培养学生积极参与活动的兴趣，发展学生的动手能力。

2. 活动准备
◎筷子、盘子、糖、红绿两种颜色的积木若干。

3. 活动步骤
◎师生问好，教师带着学生在小兔的音乐下边唱歌边跳进教室，教师扮演兔妈妈，学生扮演兔宝宝。

◎手指操。

——选择学生喜欢的音乐，跟随音乐和老师一起做手指操：一个手指头呀，一个手指头呀，变呀变呀变呀，变成毛毛虫呀，爬爬爬；两个手指头呀，两个手指头呀，变呀变呀变呀，变成小白兔呀，跳跳跳；三个手指头呀，三个手指头呀，变呀变呀变呀，变成大花猫呀，喵喵喵；四个手指头呀，四个手指头呀，变呀变呀变呀，变成大螃蟹呀，哼哼哼！五个手指头呀，五个手指头呀，变呀变呀变呀，变成大老虎呀，哈哈哈！

◎游戏活动。

——练习夹夹夹：选择学生喜欢的音乐，跟随音乐和老师一起用筷子做出夹夹夹的动作。

——教师"今天我请兔宝宝吃糖，但是用手拿着吃不卫生，所以请宝宝们用筷子把糖夹起来吃。"教师示范步骤：右手正确握住筷子，用筷子夹起糖，将糖送到嘴边。随后让学生上台尝试，之后请学生在自己座位上练习夹不同颜色的物品，相同颜色的物品放在同一个篮子里。

4. 活动建议

◎逐渐增加篮子之间的距离，所夹物品逐渐变小。

◎本活动建议穿插学生会的一些活动，减少学生挫折感。

活动名称3：筷子卷卷卷

1. 活动目标

◎训练学生使用筷子卷面条吃，激发他们自己动手做事的愿望。

◎培养学生积极参与活动的兴趣，发展学生的动手能力。

2. 活动准备

◎筷子、碗、面条。

3. 活动步骤

◎师生问好，教师带着学生在小兔的音乐下边唱歌边跳进教室，教师扮演兔妈妈，学生扮演兔宝宝。

◎手指操。

——选择学生喜欢的音乐，跟随音乐和老师一起做手指操：一个手指头呀，一个手指头呀，变呀变呀变呀，变成毛毛虫呀，爬爬爬；两个手指头呀，两个手指头呀，变呀变呀变呀，变成小白兔呀，跳跳跳；三个手指头呀，三个手指头呀，变呀变呀变呀，变成大花猫呀，喵喵喵；四个手指头呀，四个手指头呀，变呀变呀变呀，变成大螃蟹呀，哼哼哼！五个手指头呀，五个手指头呀，变呀变呀变呀，变成大老虎呀，哈哈哈！

◎游戏活动

——练习卷卷卷：选择学生喜欢的音乐，跟随音乐和老师一起用筷子做出卷卷卷的动作。

——教师"今天间餐，老师请各位小朋友吃长长的面条。"教师示范用筷子卷面条，一边卷一边旁白"轻轻挑起一根面条，将面条卷呀卷呀卷，卷好后一口吃掉，哇！好好吃！"随后让学生上台尝试卷一根面条，之后请学生在自己座位上练习卷面条吃。

4. 活动建议

◎逐渐增加卷的面条的根数。

◎本活动建议学生多练习。

第三节　用餐礼仪

一、训练目标

（1）训练学生熟练使用餐具取食的能力。

（2）训练学生饭前准备、饭后收拾的能力。

（3）训练学生适当的用餐习惯。

二、训练内容

（一）饭前准备

活动名称：我是勤快的小田螺

1. 活动目标

◎学生能在餐前摆放好碗筷。

◎学生能在餐前摆放好桌椅。

◎学生能在桌前安静等待。

2. 活动准备

◎关于田螺的绘本以及过家家的道具：碗筷、桌椅等物。

3. 活动步骤

◎师生问好，教师带领学生做常规准备活动。

◎讲解田螺绘本

——教师出示田螺绘本，给学生讲勤快的田螺的故事，激发学生兴趣。

◎游戏活动。

——教师讲解过家家的道具，然后请学生按照教师的指令指出相应的图片，如果学生能够正确指出则立即给予强化。

——教师带领学生进行过家家——吃饭饭的活动前的准备，选取一些学生扮演父母的角色，请他们进行餐前准备，如碗筷的摆放，桌椅的放置等。

4. 活动建议

◎本活动建议教师带领学生在生活中迁移，如午餐前的准备。

◎本活动建议家长在家协同进行。

（二）用餐

活动名称：我的午餐

1. 活动目标

◎学生能熟练使用筷子合理获取各种食物。

◎学生能熟练使用汤匙合理获取各种食物。

◎学生能在用餐时细嚼慢咽，按时吃完。

2. 活动准备

◎做好的饭菜、碗筷桌椅、纸巾。

3. 活动步骤

◎师生问好，教师带领学生做常规准备活动。

◎区分饭菜。

——教师向学生说明桌上的菜是什么做的，建议用何种方式获取。如汤需要用汤匙，面条则是需要筷子挑起吃，青菜需要筷子夹等。

◎游戏活动。

——教师带领学生吃午餐，要求学生做到不掉饭、菜，碗中无剩物，吃饭时间固定，吃饭中无打闹，需安静吃完后才能离座。餐后用纸擦嘴。

4. 活动建议

◎本活动建议学生先在学校集体进餐，养成习惯。

（三）饭后收拾

活动名称：我是勤快的小田螺

1. 活动目标

◎学生能使用抹布擦桌子。

◎学生能在餐后收拾好碗筷、桌椅。

2. 活动准备

◎关于田螺的绘本以及过家家的道具：碗筷、桌椅、抹布等物。

3. 活动步骤

◎师生问好，教师带领学生做常规准备活动。

◎复习田螺绘本

——教师出示田螺绘本，给学生讲勤快的田螺的故事，激发学生兴趣。之前已经进行了餐前准备，现在咱们来进行餐后收拾。

◎游戏活动

——复习：教师带领学生复习过家家的道具，然后请学生按照教师的指令指出相应的图片，如果学生能够正确指出则立即给予强化。

——教师示范收碗筷的步骤：将筷子拢在一起拿到厨房的洗碗槽中，将碗、盘子各自摆好拿到厨房的洗碗槽中。学生练习。教师示范擦桌子：将抹布展开，从桌子的一端擦到另一端。学生练习。教师示范将椅子摆好，学生练习。

4. 活动建议

◎本活动建议教师带领学生在生活中迁移，如午餐后的收拾。

◎本活动建议家长在家协同进行。

第七章　自闭症儿童的身体清洁

第一节　洗手的能力

活动名称：我会洗小手

1. 活动目标
◎学生会洗手。
2. 活动准备
◎儿歌《小动物做游戏》；脸盆、干净的毛巾、香皂；玩偶：小鸡、小兔、孔雀、小狗、螃蟹。
3. 活动步骤
◎师生问好，教师带领学生做常规准备活动。
◎导入活动。
——教师表演儿歌《小动物做游戏》，教师边唱儿歌边做动作。
◎游戏活动。
——教师告知学生，小动物们来了，我们和他们一起玩游戏，但是我们的小手需要洗干净。教师示范洗手一次：先将袖子挽至胳膊处，防止溅湿衣袖；拧开水龙头，控制水流大小，用脸盆接好水后，关上水龙头；用水把手打湿，拿起香皂，均匀抹在手上；搓手心、搓手背、搓手指缝，双手搓干净后用水清洗；将洗干净的手用毛巾擦干，将衣袖放下，整理平整。后让学生洗。然后让学生和玩偶一起玩洗手的游戏。
4. 活动建议
◎本活动建议学生秋冬天洗手后擦上护肤霜。
◎本活动建议练习结束后要及时用干拖把擦干地面的水。
◎本活动建议进行多场景练习，如饭前洗手、活动后洗手、便后洗手、手脏时主动洗手等。
5. 活动素材

《小动物做游戏》

你拍一，我拍一，小鸡小鸡叽叽叽。
（双手食指伸出点做小鸡嘴状放在胸前）
你拍二，我拍二，小兔小兔跳跳跳。
（双手食指、中指伸直做小兔状放到头顶）

你拍三，我拍三，孔雀孔雀飞飞飞。

（双手拇食指相碰，其余手指伸直做孔雀状一只放头上，一只放腰旁）

你拍四，我拍四，小狗小狗汪汪汪。

（双手大拇指放在太阳穴，其余四指并拢做小狗状）

你拍五，我拍五，螃蟹螃蟹爬爬爬。

（双手五指伸开放在身体两侧）

我们一起爬上山（从宝宝脚面爬到腿上）。

第二节 洗脸的能力

活动名称：我会洗脸

1. 活动目标

◎学生能够自己洗脸。

2. 活动准备：

◎儿歌《小动物做游戏》；毛巾、脸盆、热水。

3. 活动步骤：

◎师生问好，教师带领学生做常规准备活动。

◎导入活动。

——教师表演儿歌《小动物做游戏》，教师边唱儿歌边做动作。

◎游戏活动。

——教师告知学生，小动物们来了，我们和他们一起玩游戏，但是我们的小脸需要洗干净。教师示范洗脸一次：先将袖子挽至胳膊处，防止溅湿衣袖；用脸盆接好水；将毛巾放在水中打湿，双手搓毛巾，后将毛巾对折，双手握住毛巾向不同的方向拧；拧干毛巾后将毛巾展开放在右手的手掌上，将毛巾从脸部的上到下，轻轻用力，依次把额头、脸颊、鼻子、耳朵、嘴巴、脖子擦干净；将毛巾再次放进水中，双手搓毛巾，将毛巾对折拧干；将洗干净的毛巾展开挂好，将衣袖放下，整理平整。后让学生洗。然后让学生和玩偶一起玩洗脸游戏。

4. 活动建议

◎本活动建议用工作分析法进行示范操作。

◎本活动建议在秋冬季节帮助或指导学生使用护肤霜，均匀涂抹在脸上。

5. 活动素材

《小动物做游戏》

你拍一，我拍一，小鸡小鸡叽叽叽。

（双手食指伸出点做小鸡嘴状放在胸前）

你拍二，我拍二，小兔小兔跳跳跳。

（双手食指、中指伸直做小兔状放到头顶）

你拍三，我拍三，孔雀孔雀飞飞飞。

（双手拇食指相碰，其余手指伸直做孔雀状一只放头上，一只放腰旁）

你拍四，我拍四，小狗小狗汪汪汪。

（双手大拇指放在太阳穴，其余四指并拢做小狗状）

你拍五，我拍五，螃蟹螃蟹爬爬爬。

（双手五指伸开放在身体两侧）

我们一起爬上山（从宝宝脚面爬到腿上）。

第三节　擦嘴的能力

活动名称：我会擦嘴巴

1. 活动目标

◎学生能够自己折纸。

◎学生能够自己用纸擦嘴巴。

2. 活动准备

◎手指操；人物玩具（XX）；纸巾。

3. 活动步骤

◎师生问好，教师带领学生做常规准备活动。

◎手指操。

——选择学生喜欢的音乐，跟随音乐和老师一起用筷子做出手指的动作：一个手指点点，两个手指剪剪，三个手指弯弯，四个手指叉叉，五个手指开花，六个手指打电话，七个手指捏捏，八个手指作小枪，九个手指弯弯，十个手指捶捶。

◎游戏活动

——教师告知学生，今天 XX 吃完了饭，嘴巴油腻腻的。我们一起来给他擦擦嘴巴吧！教师示范擦嘴巴的步骤：把纸巾对折后放到嘴边；在嘴部的上下左右擦拭；将纸巾扔到垃圾桶。学生练习给玩具娃娃擦嘴。最后再练习给自己擦嘴。

4. 活动建议

◎本活动建议学生在生活场景中进行自身的擦嘴巴练习。

第四节　擦鼻涕的能力

活动名称：我会擦鼻涕

1. 活动目标
◎学生能够自己折纸。
◎学生能够自己用纸擦鼻涕。
2. 活动准备
◎手指操；人物玩具（XX）；纸巾。
3. 活动步骤
◎师生问好，教师带领学生做常规准备活动。
◎手指操。
——选择学生喜欢的音乐，跟随音乐和老师一起用筷子做出手指的动作：一个手指点点，两个手指剪剪，三个手指弯弯，四个手指叉叉，五个手指开花，六个手指打电话，七个手指捏捏，八个手指作小枪，九个手指弯弯，十个手指捶捶。
◎游戏活动。
——教师告知学生，今天XX感冒了，老是流鼻涕。我们一起来给他擦擦吧！教师示范擦鼻涕步骤：把纸巾对折；将纸巾放在鼻子下；同时捏住鼻子和纸；鼻子用力向外出气；擦干净鼻涕；将纸巾扔到垃圾桶。学生练习。
4. 活动建议：
◎本活动建议学生在生活场景中进行自身的擦鼻涕练习。

第五节　刷牙的能力

活动名称：我会刷牙

1. 活动目标
◎学生能够养成良好的刷牙习惯。
◎学生学会正确的刷牙方法。
2. 活动准备
◎刷牙的绘本；儿童牙膏、小牙刷、杯子。
3. 活动步骤
◎师生问好，教师带领学生做常规准备活动。

◎手指操。

——选择学生喜欢的音乐，跟随音乐和老师一起用筷子做出手指的动作：一个手指点点，两个手指剪剪，三个手指弯弯，四个手指叉叉，五个手指开花，六个手指打电话，七个手指捏捏，八个手指作小枪，九个手指弯弯，十个手指捶捶。

◎游戏活动。

——教师告知学生，今天一起看看XX做什么呀，原来他在刷牙。我们来看看他是怎么刷的吧。教师边讲解边做动作示范：先取出需要刷牙的工具——牙刷、牙膏、杯子；将牙膏挤出黄豆大小的涂在牙刷上；拧开水龙头，接上半杯漱口水；喝上一口水，嘴巴鼓起来，将水抖动起来，再轻轻将漱口水吐在水池中，不把水咽进肚中；用有牙膏的牙刷沿上牙齿内外侧往下刷，沿下牙齿的内外侧往上刷，上下横面用牙刷横着来回刷；再次含上漱口水清洗牙齿；漱完口后将杯子放回原处并摆放整齐。学生一起练习刷牙动作。之后让学生试着自己涂上牙膏刷牙。

4. 活动建议

◎本活动建议学生在生活场景中进行自身的刷牙练习。

第六节　梳头的能力

活动名称：我会梳头

1. 活动目标

◎学生能够养成良好的梳头习惯。

◎学生学会正确的梳头方法。

2. 活动准备

◎梳头的绘本、梳子、橡皮筋、芭比娃娃。

3. 活动步骤

◎师生问好，教师带领学生做常规准备活动。

◎小手操。

——小手小手拍拍（动作：小手拍），我的小手举起来（动作：小手举起）；小手小手拍拍（动作：小手拍），我的小手抱起来（动作：双手相握）；小手小手拍拍（动作：小手拍），我的小手转起来（动作：双手转）；小手小手拍拍（动作：小手拍），我的小手藏起来（动作：双手藏背后）。

◎游戏活动。

——教师带领学生翻阅绘本，看看主人公在做什么，原来他在梳头。我们来看看他是怎么梳头的吧。教师边讲解边做动作示范——给芭比娃娃梳头：先取出需要梳头的工具——梳子、橡皮筋、芭比娃娃；将梳子在芭比娃娃的头上按照一定的规律进行梳头——从上向下，将头部的前面、侧面、后面的头发都用一只手握住，梳子将不平整的头发进行二次梳理；将梳理整齐的头发用橡皮筋松紧适度地扎在娃娃头上，将扎好的头发再次进行梳理；梳头结束后将掉落在肩部、地上及残留在梳子上的头发收进垃圾桶，将梳子放回原处并摆放整齐。学生一起练习。之后让学生试着给自己梳头。

4. 活动建议

◎本活动建议学生在生活场景中进行自身的梳头练习，如午睡后整理头发。

◎本活动建议学生学会清洁梳子，在梳头前后要洗净双手，头发凌乱时学会整理头发。

第七节　洗头的能力

活动名称：我会洗头啦！

1. 活动目标

◎学生能够洗头。

2. 活动准备

◎脸盆、热水、洗头液、毛巾、芭比娃娃。

3. 活动步骤

◎师生问好，教师带领学生做常规准备活动。

◎手指操（会变的小手）。

——选择学生喜欢的音乐，跟随音乐和老师一起做出手指的动作。

◎游戏活动。

——教师告知学生，今天我们要给芭比娃娃洗头，因为她的头发很脏了，臭臭。教师示范洗头的步骤：先让芭比娃娃坐在凳子上，在脸盆里接满热水；将芭比娃娃的头低下，使她的头发能够放入盆中，用水打湿头发；抹上洗头液，搓搓头发，挠挠头皮；用温水清洗头发；用毛巾擦干头上的水渍；将物品归位。学生练习给芭比娃娃洗头。

4. 活动建议

◎本活动建议学生在生活场景中家长配合进行自身的洗头练习。

5. 活动素材

《会变的小手》

我有一双小小手，

（伸出两只小手拍两下）

变成星星闪呀闪，

（手握拳头打开合上两下）

变成风车转呀转，

（手指相交在一起，手腕转动从左移到右）。

变成蝴蝶飞呀飞。

（大拇指重叠，四指并拢，手背向前像蝴蝶翅膀一样弯曲两下）

第八节 洗澡的能力

活动名称：我会洗澡啦！

1. 活动目标

◎学生能够洗澡。

2. 活动准备

◎洗澡的绘本、盆、热水、香皂、毛巾。

3. 活动步骤

◎师生问好，教师带领学生做常规准备活动。

◎手指操（会变的小手）。

——选择学生喜欢的音乐，跟随音乐和老师一起做出手指的动作。

◎游戏活动。

——教师告知学生，今天我们要给人物玩具——XX洗澡，因为他们很多天没洗澡了，臭臭。教师示范洗澡的步骤：在脸盆里接满热水；脱掉玩具的衣服；进入脸盆中，用水打湿身体；抹上香皂，搓洗身体；用温水清洗身体；用毛巾擦干身上的水渍；穿上衣服。学生练习；教师再总结洗澡的步骤，学生巩固复习。

4. 活动建议

◎本活动建议学生在生活场景中家长配合进行自身的洗澡练习。

5. 活动素材

《会变的小手》

> 我有一双小小手，
> （伸出两只小手拍两下）
> 变成星星闪呀闪，
> （手握拳头打开合上两下）
> 变成风车转呀转，
> （手指相交在一起，手腕转动从左移到右）。
> 变成蝴蝶飞呀飞。
> （大拇指重叠，四指并拢，手背向前像蝴蝶翅膀一样弯曲两下）

第九节　刮胡子的能力

活动名称：我会刮胡子

1. 活动目标
◎男生能使用自动剃须刀剃胡子。
2. 活动准备
◎关于男孩长胡子的绘本、自动剃须刀、干净的毛巾。
3. 活动步骤
◎师生问好，教师带领学生做常规准备活动。
◎律动（节选歌曲《水果拳》）
——教师在音乐声中带领学生进行律动。
◎游戏活动
——教师先给学生讲解绘本：男孩子长大了会长胡子，长了胡子，我们需要剃掉，不然长长的胡子会粘住食物，不方便，所以需要使用剃须刀。给学生介绍剃须刀，开启剃须刀会有嗡嗡嗡的声音，先让学生适应。教师示范使用剃须刀：先用拇指推开剃须刀的开关，将剃须刀沿着嘴部周围进行画圈挪动，三圈后关闭剃须刀，用毛巾擦拭嘴部，将剃须刀放回原处。学生练习。

4. 活动建议
◎本活动建议家长协同在家巩固。
◎本活动的教学对象为已长有胡须的青春期男孩。
◎本活动建议规定时间给剃须刀充电，如每周五的某个时间点。
5. 活动素材
节选歌曲《水果拳》

生活就像各种水果酸酸甜甜滋味不同
恋爱不能随便将就幸福我要自己追求
水果水果不要再找借口水果水果给我你的笑容
水果水果爱来了要把握水果水果飞向世界大同
现在教你一套拳水果妹的水果拳五种瘦身的水果
大家跟我一起念来番茄啊番茄木瓜啊木瓜苹果啊苹果
奇异果呀奇异果葡萄柚啊葡萄柚

第十节　使用卫生巾的能力

活动名称：我会使用卫生巾

1. 活动目标
◎女生能正确使用卫生巾。
◎女生能更换卫生巾。
2. 活动准备
◎关于女孩经期的绘本、卫生巾。
3. 活动步骤
◎师生问好，教师带领学生做常规准备活动。
◎律动（节选歌曲《水果拳》）
——教师在音乐声中带领学生进行律动。
◎游戏活动。
——教师先给学生讲解绘本：女孩子长大了会来月经，来月经时需要使用卫生巾帮助我们清理身体。给学生介绍卫生巾的使用方法：先把卫生巾包装拆开，将卫生巾的黏贴面放置在相应的练习内裤中。学生练习。将粘好的卫生巾从裤中撕下。学生练习。
4. 活动建议
◎本活动建议家长协同在家巩固。
◎本活动的教学对象为已开始行经的青春期女孩。
◎本活动建议规定更换卫生巾的时间，如午睡前、晚上睡觉前等。
5. 活动素材
节选歌曲《水果拳》
生活就像各种水果酸酸甜甜滋味不同
恋爱不能随便将就幸福我要自己追求

水果水果不要再找借口水果水果给我你的笑容
水果水果爱来了要把握水果水果飞向世界大同
现在教你一套拳水果妹的水果拳五种瘦身的水果
大家跟我一起念来番茄啊番茄木瓜啊木瓜苹果啊苹果
奇异果呀奇异果葡萄柚啊葡萄柚

第十一节 剪指甲的能力

活动名称：我会剪指甲

1. 活动目标
◎学生能使用指甲刀剪指甲。
2. 活动准备
◎指甲刀、白纸、垃圾桶。
3. 活动步骤
◎师生问好，教师带领学生做常规准备活动。
◎律动（节选歌曲《水果拳》）
——教师在音乐声中带领学生进行律动。
◎游戏活动。
——教师示范剪指甲的步骤：打开指甲刀，将指甲刀沿着指甲周围（裸露在外的指甲）剪，用白纸接住剪掉的指甲，将剪掉的指甲倒进垃圾桶里。学生操作。
4. 活动建议
◎本活动建议家长协同在家巩固。
◎本活动建议剪指甲的时间固定，如每月的10号和25号。
5. 活动素材

节选歌曲《水果拳》
生活就像各种水果酸酸甜甜滋味不同
恋爱不能随便将就幸福我要自己追求
水果水果不要再找借口水果水果给我你的笑容
水果水果爱来了要把握水果水果飞向世界大同
现在教你一套拳水果妹的水果拳五种瘦身的水果
大家跟我一起念来番茄啊番茄木瓜啊木瓜苹果啊苹果
奇异果呀奇异果葡萄柚啊葡萄柚

第八章 自闭症儿童的穿脱

第一节 脱鞋子的能力

活动名称：我会脱鞋子

1. 活动目标
◎学生会脱鞋子。
2. 活动准备
◎儿歌《五只猴子荡秋千》；玩具猴子（穿板鞋）、玩具鳄鱼。
3. 活动步骤
◎师生问好，教师带领学生做常规准备活动。
◎导入活动。
——教师使用玩具猴子表演儿歌《五只猴子荡秋千》，教师边唱儿歌边做动作。
◎游戏活动。
——教师告知学生，猴子看到鳄鱼来了，想脱鞋扔鳄鱼，但是猴子不会脱鞋，请小朋友们帮忙。教师示范将猴子的鞋子脱掉：坐在凳子上；弯腰；打开粘扣；手伸到鞋子后部——靠近脚踝处，拇他指捏住鞋子开口端往下拉。随后让学生练习脱猴子的鞋子。之后将脱掉的鞋子拿去扔鳄鱼。但是，"鞋子不够"，让学生脱自己的鞋子。
4. 活动建议
◎本活动建议学生在生活中多练习，注意脱掉鞋后需要将鞋子摆放整齐，如午睡前脱鞋。
5. 活动素材

《五只猴子荡秋千》

五只猴子荡秋千（左手五指呈半圆状晃动），桥下鳄鱼被水淹，鳄鱼来了（右手呈嘴状一张一合向左手靠近），鳄鱼来了，嗷嗷嗷（右手含住左手一根手指头），吃掉一只小猴子；

四只猴子荡秋千（左手四指呈半圆状晃动），桥下鳄鱼被水淹，鳄鱼来了（右手呈嘴状一张一合向左手靠近），鳄鱼来了，嗷嗷嗷（右手含住左手一根手指头），吃掉一只小猴子；

　　三只猴子荡秋千（左手三指呈半圆状晃动），桥下鳄鱼被水淹，鳄鱼来了（右手呈嘴状一张一合向左手靠近），鳄鱼来了，嗷嗷嗷（右手含住左手一根手指头），吃掉一只小猴子；

　　两只猴子荡秋千（左手两指呈半圆状晃动），桥下鳄鱼被水淹，鳄鱼来了（右手呈嘴状一张一合向左手靠近），鳄鱼来了，嗷嗷嗷（右手含住左手一根手指头），吃掉一只小猴子；

　　一只猴子荡秋千（左手一指呈半圆状晃动），桥下鳄鱼被水淹，鳄鱼来了（右手呈嘴状一张一合向左手靠近），鳄鱼来了，嗷嗷嗷（右手含住左手一根手指头），吃掉一只小猴子。

第二节　穿鞋子的能力

活动名称：我会穿鞋子

1. 活动目标
◎学生会穿鞋子。
2. 活动准备
◎儿歌《五只猴子荡秋千》；玩具猴子、玩具鳄鱼。
3. 活动步骤
◎师生问好，教师带领学生做常规准备活动。
◎导入活动。
——教师使用玩具猴子表演儿歌《五只猴子荡秋千》，教师边唱儿歌边做动作。
◎游戏活动。
——教师告知学生，我们用鞋子将鳄鱼打跑了，但是猴子不会穿鞋，请小朋友们帮忙。教师示范将猴子的鞋子穿上：分清左右，打开粘扣，将脚塞进鞋中，食指从脚外侧鞋内侧伸进去并向上勾提鞋帮，小脚往前用力蹬，小手往后提鞋帮。随后让学生操作，也请学生穿上自己的鞋。
4. 活动建议
◎本活动建议学生在生活中家长协同多练习。
5. 活动素材

《五只猴子荡秋千》

五只猴子荡秋千（左手五指呈半圆状晃动），桥下鳄鱼被水淹，鳄鱼来了（右手呈嘴状一张一合向左手靠近），鳄鱼来了，嗷嗷嗷（右手含住左手一根手指头），吃掉一只小猴子；

四只猴子荡秋千（左手四指呈半圆状晃动），桥下鳄鱼被水淹，鳄鱼来了（右手呈嘴状一张一合向左手靠近），鳄鱼来了，嗷嗷嗷（右手含住左手一根手指头），吃掉一只小猴子；

三只猴子荡秋千（左手三指呈半圆状晃动），桥下鳄鱼被水淹，鳄鱼来了（右手呈嘴状一张一合向左手靠近），鳄鱼来了，嗷嗷嗷（右手含住左手一根手指头），吃掉一只小猴子；

两只猴子荡秋千（左手两指呈半圆状晃动），桥下鳄鱼被水淹，鳄鱼来了（右手呈嘴状一张一合向左手靠近），鳄鱼来了，嗷嗷嗷（右手含住左手一根手指头），吃掉一只小猴子；

一只猴子荡秋千（左手一指呈半圆状晃动），桥下鳄鱼被水淹，鳄鱼来了（右手呈嘴状一张一合向左手靠近），鳄鱼来了，嗷嗷嗷（右手含住左手一根手指头），吃掉一只小猴子。

第三节　脱袜子的能力

活动名称：我会脱袜子

1. 活动目标
◎学生能够自己脱袜子。
2. 活动准备
◎儿歌《五只猴子荡秋千》；穿着袜子的玩具猴子、玩具鳄鱼。
3. 活动步骤
◎师生问好，教师带领学生做常规准备活动。
◎导入活动。
——教师使用玩具猴子表演儿歌《五只猴子荡秋千》，教师边唱儿歌边做动作。
◎游戏活动。
——教师告知学生，猴子看到鳄鱼来了，昨天用鞋子扔鳄鱼，今天我们来用袜子扔鳄鱼。但是猴子不会脱袜子，请小朋友们帮忙。教师示范将猴子的袜子给脱下：拇指放在袜子内侧，拇他指共同捏住袜边，向下拉袜子。随后让学生练习脱猴子的袜子。"袜子不够"，让学生脱自己的袜子。

4. 活动建议

◎本活动建议在生活中脱完袜子后，将袜子放在固定的地方。

5. 活动素材

《五只猴子荡秋千》

五只猴子荡秋千（左手五指呈半圆状晃动），桥下鳄鱼被水淹，鳄鱼来了（右手呈嘴状一张一合向左手靠近），鳄鱼来了，啾啾啾（右手含住左手一根手指头），吃掉一只小猴子；

四只猴子荡秋千（左手四指呈半圆状晃动），桥下鳄鱼被水淹，鳄鱼来了（右手呈嘴状一张一合向左手靠近），鳄鱼来了，啾啾啾（右手含住左手一根手指头），吃掉一只小猴子；

三只猴子荡秋千（左手三指呈半圆状晃动），桥下鳄鱼被水淹，鳄鱼来了（右手呈嘴状一张一合向左手靠近），鳄鱼来了，啾啾啾（右手含住左手一根手指头），吃掉一只小猴子；

两只猴子荡秋千（左手两指呈半圆状晃动），桥下鳄鱼被水淹，鳄鱼来了（右手呈嘴状一张一合向左手靠近），鳄鱼来了，啾啾啾（右手含住左手一根手指头），吃掉一只小猴子；

一只猴子荡秋千（左手一指呈半圆状晃动），桥下鳄鱼被水淹，鳄鱼来了（右手呈嘴状一张一合向左手靠近），鳄鱼来了，啾啾啾（右手含住左手一根手指头），吃掉一只小猴子。

第四节　穿袜子的能力

活动名称：我会穿袜子

1. 活动目标

◎学生能够自己穿袜子。

2. 活动准备

◎儿歌《五只猴子荡秋千》；玩具猴子、玩具鳄鱼。

3. 活动步骤

◎师生问好，教师带领学生做常规准备活动。

◎导入活动。

——教师使用玩具猴子表演儿歌《五只猴子荡秋千》，教师边唱儿歌边做动作。

◎游戏活动。

——教师告知学生，鳄鱼跑了，猴子感觉有些冷，想要穿上袜子，但是猴子不会穿袜子，请小朋友们帮忙。教师示范将猴子的袜子穿上：双手拇食指捏住袜子端口，拉开袜口，小脚伸进去，双手往上拉，小脚往下蹬，将袜子拉到脚踝。随后让学生练习给猴子穿上袜子。请学生再穿上自己的袜子。

4. 活动建议

◎本活动建议在家父母协同多多练习。

5. 活动素材

《五只猴子荡秋千》

五只猴子荡秋千（左手五指呈半圆状晃动），桥下鳄鱼被水淹，鳄鱼来了（右手呈嘴状一张一合向左手靠近），鳄鱼来了，啵啵啵（右手含住左手一根手指头），吃掉一只小猴子；

四只猴子荡秋千（左手四指呈半圆状晃动），桥下鳄鱼被水淹，鳄鱼来了（右手呈嘴状一张一合向左手靠近），鳄鱼来了，啵啵啵（右手含住左手一根手指头），吃掉一只小猴子；

三只猴子荡秋千（左手三指呈半圆状晃动），桥下鳄鱼被水淹，鳄鱼来了（右手呈嘴状一张一合向左手靠近），鳄鱼来了，啵啵啵（右手含住左手一根手指头），吃掉一只小猴子；

两只猴子荡秋千（左手两指呈半圆状晃动），桥下鳄鱼被水淹，鳄鱼来了（右手呈嘴状一张一合向左手靠近），鳄鱼来了，啵啵啵（右手含住左手一根手指头），吃掉一只小猴子；

一只猴子荡秋千（左手一指呈半圆状晃动），桥下鳄鱼被水淹，鳄鱼来了（右手呈嘴状一张一合向左手靠近），鳄鱼来了，啵啵啵（右手含住左手一根手指头），吃掉一只小猴子。

第五节　脱裤子的能力

活动名称：我会脱裤子

1. 活动目标

◎学生能够自己脱裤子。

◎训练学生拇他指抓握、手腕内收。
2. 活动准备
◎人物玩具；玩具裤。
3. 活动步骤
◎师生问好，教师带领学生做常规准备活动。
◎叠高高。
——房间两侧各放一根立柱，一根套满各种颜色的塑料圈，一根空着。选择学生喜欢的音乐，请小朋友取下塑料圈套在自己大腿上，走到另一根柱子旁，将腿上塑料圈取下套到空柱子上。
◎游戏活动。
——教师告知学生，今天我们要给人物玩具——XX换装，他们要去参加晚会，我们先给他们脱下身上的裤子，换上晚会要穿的裤子。教师示范脱裤子的步骤：先两手拇指伸进裤子内侧，和其他四指一起握住裤腰，再用力往下脱，脱至脚踝处，再拉住裤子的下端将裤子从脚处拉出。学生练习给玩具脱裤子。
4. 活动建议
◎本活动建议在叠高高活动中使用竞赛的方式进行。
◎本活动建议家长协同学生在生活场景中进行自身的穿脱练习。

第六节　穿裤子的能力

活动名称：我会穿裤子
1. 活动目标
◎学生能够自己穿裤子。
2. 活动准备
◎跳袋；小白兔头饰；《小白兔》音乐；人物玩具；玩具裤。
3. 活动步骤
◎师生问好，教师带领学生做常规准备活动。
◎跳袋。
——选择《小白兔》的音乐，给学生带上小白兔头饰，让学生钻进跳袋，双手紧握跳袋的开端口，从起点跳到终点，分组进行竞赛。
◎游戏活动。

——教师告知学生，今天我们要给人物玩具——XX换装，他们要去参加晚会，我们今天给他们穿不同的裤子。教师示范穿裤子的步骤：分清前后；分清反正；将双手拇指放在裤子内侧，另外四指放在裤子外侧，两手握住裤腰；将人物玩具双腿放进裤腿中；将裤子下端拉至脚踝处，再用力往上提裤子到腰部；整理裤子。学生练习。

4. 活动建议

◎本活动建议家长协同学生在生活场景中进行自身的穿脱练习。

第七节　脱衣服的能力

活动名称：我会脱衣服

1. 活动目标

◎学生能够自己脱衣服。

2. 活动准备

◎人物玩具；玩具衣服。

3. 活动步骤

◎师生问好，教师带领学生做常规准备活动。

◎拉个圆圈走走。

——选择《拉个圆圈走走》的音乐，学生和教师手拉手围成圆圈，根据歌词做出相应动作。

◎游戏活动。

——教师告知学生，昨天我们给人物玩具——XX换装，他们去参加晚会已经选好了裤子。今天我们来给他们挑不同的衣服。

——教师示范脱西装无扣衣服的步骤：左手拉住右手衣袖往外用力拉，右手往内缩，脱掉右手衣袖；右手拉住左手衣袖往外用力拉，脱掉衣服。学生练习。

——教师示范脱套头衣服的步骤：右手拉左手袖子，左手缩胳膊，将左手胳膊缩到左腰处；左手拉右手袖子，右手缩胳膊，将右手胳膊缩到右腰处；双手拉住衣领往上提，头往下缩；脱掉衣服。学生练习。

——教师示范脱拉链衣服的步骤：一手拉住衣服下摆，一手拇食指捏住拉链往下用力拉将拉链拉开；左手拉住右手衣袖往外用力拉，右手往内缩，脱掉右手衣袖；右手拉住左手衣袖往外用力拉，脱掉衣服。学生练习。

——教师示范脱纽扣衣服的步骤：一手捏住扣眼；一手捏住纽扣，同时拇指将纽扣推出扣眼，解下纽扣；左手拉住右手衣袖往外用力拉，右手往内缩，脱掉右手衣袖；右手拉住左手衣袖往外用力拉，脱掉衣服。学生练习。

4. 活动建议
◎本活动建议家长协同学生在生活场景中进行自身的穿脱练习。

5. 活动素材

拉个圆圈走走，

拉个圆圈走走，

走走走走走走走走，

看谁最先蹲下；

拉个圆圈跑跑，

拉个圆圈跑跑，

跑跑跑跑跑跑跑跑，

看谁最先站好。

第八节　穿衣服的能力

活动名称：我会穿衣服

1. 活动目标
◎学生能够自己穿衣服。

2. 活动准备
◎硬币等圆状薄片物；有大小、方向不一开口的铁盒（开口圆润，无棱角）；人物玩具；玩具衣服。

3. 活动步骤
◎师生问好，教师带领学生做常规准备活动。
◎秘密盒子。
——教师拿出一个装有一个硬币的铁盒摇晃，请学生猜盒内物品；然后请学生塞进一个硬币，听声音是否一致；告知学生这是存钱盒子，有了硬币之后都可以放进盒中。分给学生硬币，请学生塞进盒中。
◎游戏活动。
——教师告知学生，昨天我们给人物玩具——XX换装，他们去参加晚会已经选好了裤子。今天我们来给他们挑不同的衣服穿。

——教师示范穿西装无扣衣服的步骤：

第一种方法：分清前后；分清反正；分清左右；双手捏住衣服衣领，开口处面对穿衣人；左手伸进左袖中，右手顺势拉住右袖，右手伸进右袖中，将衣领整理好。学生练习。

第二种方法：分清前后；分清反正；分清左右；将背面朝上的衣服平铺在桌上，双手伸入各自的袖口，头伸进衣服中后将衣服往背后甩起，头伸出衣服后，左右手伸出袖口，整理平整。学生练习。

——教师示范穿套头衣服的步骤：分清前后；分清反正；分清左右；将背面朝上的衣服平铺在桌上，双手伸入各自的袖口，头伸进衣服中后将衣服往背后甩起，头伸出衣服后，左右手伸出袖口，整理平整。学生练习。

——教师示范穿拉链衣服的步骤：分清前后；分清反正；分清左右；双手捏住衣服衣领，开口处面对穿衣人；左手伸进左袖中，右手顺势拉住右袖，右手伸进右袖中，将衣领整理好；把拉头推到拉链底部的插座处，双手食指分别捏住拉链底边，右手大拇指将拉头推进插座，左手拇食指捏住插座，右手拇食指捏住拉片往上用力拉，将拉链拉好；整理平整。学生练习。

——教师示范穿纽扣衣服的步骤：分清前后；分清反正；分清左右；双手捏住衣服衣领，开口处面对穿衣人；左手伸进左袖中，右手顺势拉住右袖，右手伸进右袖中，将衣领整理好；左手捏扣眼，右手拇食指捏纽扣往扣洞的斜上方用力推，待扣子露出扣洞的一小部分时，左手捏扣子斜上方用力，右手捏扣眼斜下方用力，扣好扣子；整理平整。学生练习。

4. 活动建议

◎本活动建议可请学生成为试衣模特。

◎本活动建议家长协同学生在生活场景中进行自身的穿脱练习。

◎本活动建议家长为学生准备类似的存钱罐，多多练习塞硬币的动作。

◎本活动建议纽扣衣服的扣眼做松些，方便学生扣上。

第九节　季节性衣物的穿着能力

活动名称1：漂亮的春天

1. 活动目标

◎学生能选择出适合春天的衣物；

◎学生能选择出适合春天的配饰：帽子、背包等物；

◎学生能及时更换脏了的衣服。
2. 活动准备
◎关于春天服装的绘本，男女模特，春装数套。
3. 活动步骤
◎师生问好，教师带领学生做常规准备活动。
◎小手拍拍。
——教师在音乐声中带领学生进行律动。
◎游戏活动。
——教师根据绘本带领学生进行指认春季服饰的教学，然后请学生按照教师的指令指出相应的图片，如果学生能够正确指出则立即给予强化。教师示范搭配一套春装，后请学生搭配。教师指出脏了的衣服需要更换，无特殊情况时，两天或三天一换。
4. 活动建议
◎本活动建议在春季进行。
◎本活动建议家长协同学生在家巩固。
5. 活动素材

《小手拍拍》
小手拍拍，小手拍拍，
手指伸出来，眼睛在哪里？
眼睛在这里，用手指出来。
（可以将眼睛换成身体的其他部位）

活动名称2：热热的夏天
1. 活动目标
◎学生能选择出适合夏天的衣物；
◎学生能选择出适合夏天的配饰：帽子、背包、太阳伞等物；
◎学生能及时更换脏了的衣服。
2. 活动准备
◎关于夏天服装的绘本，男女模特，夏装数套，塑料块，小刀，橡皮筋。
3. 活动步骤
◎师生问好，教师带领学生做常规准备活动。
◎弹吉他。
——请学生欣赏吉他演奏，引起兴趣。教师和学生一起制作简易六弦琴：挖掉泡沫塑料块的中间部分，再缠上六根橡皮筋，可以用任一手指拨弄琴弦发出声音。

◎游戏活动。

——教师根据绘本带领学生进行指认夏季服饰的教学，然后请学生按照教师的指令指出相应的图片，如果学生能够正确指出则立即给予强化。教师示范搭配一套夏装，后请学生搭配。教师指出脏了的衣服需要更换，无特殊情况，一天更换一次。

3. 活动建议

◎本活动建议在夏季进行。

◎本活动建议家长协同学生在家巩固。

活动名称3：多彩的秋天

1. 活动目标

◎学生能选择出适合秋天的衣物；

◎学生能选择出适合秋天的配饰：帽子、背包等物；

◎学生能及时更换脏了的衣服。

2. 活动准备

◎关于秋天服装的绘本，男女模特，秋装数套，长毛巾，红色彩带。

3. 活动步骤

◎师生问好，教师带领学生做常规准备活动。

◎拔河。

——在长毛巾的中间处系紧红色彩带，教师和学生面对面坐，各自拉住毛巾的一端用力拉，比赛谁的力气大。通过改变毛巾材质改变难度。学生之间可进行分组比赛。

◎游戏活动。

——教师根据绘本带领学生进行指认秋季服饰的教学，然后请学生按照教师的指令指出相应的图片，如果学生能够正确指出则立即给予强化。教师示范搭配一套秋装，后请学生搭配。教师指出脏了的衣服需要更换，无特殊情况，两或三天更换一次衣物。

4. 活动建议

◎本活动建议在秋季进行。

◎本活动建议家长协同学生在家巩固。

活动名称4：冷冷的冬天

1. 活动目标

◎学生能选择出适合冬天的衣物；

◎学生能选择出适合冬天的配饰：帽子、背包等物；
◎学生能及时更换脏了的衣服。
2. 活动准备
◎关于冬天服装的绘本，男女模特，冬装数套，塑料碟子，黄色纸张，双面胶，刀子。
3. 活动步骤
◎师生问好，教师带领学生做常规准备活动。
◎小小太阳真暖和。
——"冬天到了，天气变冷了，同学们想不想太阳出来呀？""今天我们就一起来做个太阳吧！"教师示范：在塑料碟边缘划出7或8个一厘米左右的口子，将黄色纸张剪成一厘米宽的纸条，将纸条抹上双面胶，穿过碟子的开口处，将纸条两端对折，形成太阳的光芒。请学生练习。
◎游戏活动。
——教师根据绘本带领学生进行指认冬季服饰的教学，然后请学生按照教师的指令指出相应的图片，如果学生能够正确指出则立即给予强化。教师示范搭配一套冬装，后请学生搭配。教师指出脏了的衣服需要更换。
4. 活动建议
◎本活动建议在冬季进行。
◎本活动建议家长协同学生在家巩固。

第十节　根据天气添减衣物的能力

活动名称1：天冷了加衣服

1. 活动目标
◎学生能在同一天中，天气变冷时主动再穿一件衣服。
2. 活动准备
◎书包中带的长袖衣服，绘本（天气突然变冷，需要加衣服）。
3. 活动步骤
◎师生问好，教师带领学生做常规准备活动。
◎找朋友。
——教师带领学生根据音乐做相应动作：找呀找呀找朋友（动作：拍手），找到一个好朋友（动作：两人拉拉手），敬个礼（动作：敬礼），握握手（动作：握手），你是我的好朋友（动作：互相指对方），再见（动作：挥手）。

◎游戏活动

——教师带领学生观看绘本内容，然后请学生回答"天气突然变冷了，我们该怎么办？"这个问题，从而点明教学主题：天气变冷了，我们需要加衣服。询问学生今日是否感到天气变冷了，是否需要添加衣服。学生根据实际情况进行作答。

4. 活动建议

◎本活动建议在降温时进行教学。

◎本活动建议家长在学生书包中放置衣物。

活动名称2：天热了减衣服

1. 活动目标

◎学生能在同一天中，天气变热时主动脱掉一件衣服。

2. 活动准备

◎绘本（天气变热，需要减衣服）。

3. 活动步骤

◎师生问好，教师带领学生做常规准备活动。

◎找朋友。

——教师带领学生根据音乐做相应动作：找呀找呀找朋友（动作：拍手），找到一个好朋友（动作：两人拉拉手），敬个礼（动作：敬礼），握握手（动作：握手），你是我的好朋友（动作：互相指对方），再见（动作：挥手）。

◎游戏活动。

——教师带领学生观看绘本内容，然后请学生回答"夏天早上比较凉爽，同学们都穿了背心。但是中午出太阳了，天气变得很热，你们热不热呀？""热。""那我们是否该脱掉一件衣服呢？"从而点明教学主题：天变热了，我们需要减衣服。

4. 活动建议

◎本活动建议在夏季进行教学。

◎本活动建议家长在早上时多给学生穿一件背心或衣服。

第九章 自闭症儿童的如厕及就寝能力

本章主要训练自闭症儿童具有基本的如厕能力、独立小便的能力、独立大便的能力、辨识厕所符号的能力以及正常就寝的能力。

第一节 如厕基本能力

活动名称1：我会"说"上厕所

1. 活动目标
◎训练学生上厕所的沟通能力。
◎训练学生要在厕所才能拉屁屁、尿尿的意识。
2. 活动准备
◎沟通图、上厕所的绘本。
3. 活动步骤
◎师生问好，教师带领学生做常规准备活动。
◎手指操。
——选择学生喜欢的音乐，跟随音乐和老师一起做手指操：一个手指头呀，一个手指头呀，变呀变呀变呀，变成毛毛虫呀，爬爬爬；两个手指头呀，两个手指头呀，变呀变呀变呀，变成小白兔呀，跳跳跳；三个手指头呀，三个手指头呀，变呀变呀变呀，变成大花猫呀，喵喵喵；四个手指头呀，四个手指头呀，变呀变呀变呀，变成大螃蟹呀，哼哼哼！五个手指头呀，五个手指头呀，变呀变呀变呀，变成大老虎呀，哈哈哈！
◎体验活动。
——教师讲解绘本内容，之后提问"同学们，要尿尿的话，要去哪里？"会说话的同学回答"厕所"，不会说话的同学撕下沟通图的"厕所"图片。组织学生进行如厕的活动时，助教先做示范：将上厕所的沟通图交给助教后进入厕所。学生练习：撕下沟通图交给教师，学生进入厕所。对于会说话的学生，助教示范："老师，我要上厕所"，之后助教进入厕所。学生练习"老师，我要上厕所"，之后学生进入厕所。不能完整说出句子的同学可发词语或字或单音。

4. 活动建议：
◎本活动为课后集体上厕所的时间，其强化物为自然强化物，拿对沟通图就可进入厕所。
◎本活动建议长期在生活场景中训练。

活动名称2：我是小老师1

1. 活动目标
◎学生会拉下裤子的动作。
◎学生会模仿教师的动作。

2. 活动准备
◎儿歌《排排坐》；玩具小熊。

3. 活动步骤
◎师生问好，教师带领学生做常规准备活动。
◎导入活动。
——教师把玩具小熊放在桌面上，并示范表演儿歌《排排坐》，教师边唱儿歌边做动作。
◎游戏活动。
——教师告知学生，小熊想上厕所，怎么办？请小朋友们帮助小熊上厕所。教师示范将小熊的裤子拉下，随后让学生操作拉下小熊的裤子。
◎延伸活动。
——学生在如厕时请他们自己拉下裤子。

4. 活动建议
◎本活动建议家长在家协同练习。

5. 活动素材

《排排坐》

排排坐，吃果果，
幼儿园里朋友多。
你一个，我一个，
小熊也要留一个。

活动名称3：我是小老师2

1. 活动目标
◎学生会拉上裤子的动作。

◎学生会模仿教师的动作。
2. 活动准备
◎儿歌《排排坐》；玩具小熊。
3. 活动步骤
◎师生问好，教师带领学生做常规准备活动。
◎导入活动
——教师把玩具小熊放在桌面上，并示范表演儿歌《排排坐》，教师边唱儿歌边做动作。
◎游戏活动
——教师告知学生，小熊已经上完厕所，怎么办？请小朋友们帮助小熊拉上裤子。教师示范将小熊的裤子拉上，随后让学生操作。
◎延伸活动。
——学生在如厕时请他们自己拉上裤子。
4. 活动建议
◎本活动建议家长在家协同学生多练习。
5. 活动素材

《排排坐》
排排坐，吃果果，
幼儿园里朋友多。
你一个，我一个，
小熊也要留一个。

活动名称4：我会折纸
1. 活动目标
◎学生能够在桌上自己折好卫生纸。
2. 活动准备
◎玩具小熊、卫生纸、强化物。
3. 活动步骤
◎师生问好，教师带领学生做常规准备活动。
◎导入活动。
——教师把玩具小熊放在桌面上，并示范表演儿歌《排排坐》，教师边唱儿歌边做动作。
◎游戏活动。
——教师告知学生，小熊上完厕所，不会擦屁股。请小朋友们帮助小

第九章　自闭症儿童的如厕及就寝能力

熊擦屁股。首先，我们来练习折卫生纸。教师示范将卫生纸对折，随后让学生操作。

4. 活动建议

◎本活动建议学生多练习折纸。

活动名称5：我会擦屁股

1. 活动目标

◎学生能够在便后擦屁股。

2. 活动准备

◎玩具小熊、卫生纸、垃圾桶。

3. 活动步骤

◎师生问好，教师带领学生做常规准备活动。

◎导入活动。

——教师把玩具小熊放在桌面上，并示范表演儿歌《排排坐》，教师边唱儿歌边做动作。

◎游戏活动。

——教师告知学生，小熊上完厕所，不会擦屁股。请小朋友们帮助小熊擦屁股。教师示范将折好的卫生纸从小熊的屁股处从前往后擦，教师旁白"卫生纸要从前往后擦"，擦完后将纸扔进垃圾桶，随后让学生操作。

◎延伸活动。

——教师示范用小熊的手给小熊自己擦屁股，随后让学生练习自己假装给自己擦屁股。

4. 活动建议

◎本活动建议学生熟练折纸后让他们试着为自己擦，多鼓励。

活动名称6：便后洗手

1. 活动目标

◎学生能够建立便后必须洗手的意识。

◎学生能够便后使用香皂洗手。

2. 活动准备

◎玩具小熊、香皂、水。

3. 活动步骤

◎师生问好，教师带领学生做常规准备活动。

◎导入活动。

——教师把玩具小熊放在桌面上，并示范表演儿歌《排排坐》，教师边唱儿歌边做动作。

◎游戏活动。

——教师告知学生，小熊上完厕所了，但是它的小手擦了屁股，不干净了，我们来帮助它洗手吧。教师示范洗手的步骤，并旁白"先挽好袖子，再将手放入水中，手打湿后擦上香皂，随后双手一起搓搓，数到10后再将手放入水中，将泡沫洗掉"。随后学生操作。

4. 活动建议

◎本活动建议家长协同学生在生活场景中多练习。

第二节　独立小便的能力

活动名称：我会上厕所——小便

1. 活动目标

◎训练儿童到厕所小便的能力。

◎训练儿童主动上厕所的意识。

2. 活动准备

◎水、上厕所的绘本。

3. 活动步骤

◎师生问好，教师带领学生做常规准备活动，给学生多喝水。

◎手指操。

——选择学生喜欢的音乐，跟随音乐和老师一起做手指操：一个手指头呀，一个手指头呀，变呀变呀变呀，变成毛毛虫呀，爬爬爬；两个手指头呀，两个手指头呀，变呀变呀变呀，变成小白兔呀，跳跳跳；三个手指头呀，三个手指头呀，变呀变呀变呀，变成大花猫呀，喵喵喵；四个手指头呀，四个手指头呀，变呀变呀变呀，变成大螃蟹呀，哼哼哼！五个手指头呀，五个手指头呀，变呀变呀变呀，变成大老虎呀，哈哈哈！

◎体验活动。

——给学生讲解绘本：小便。讲解完后，学生主动如厕，若未进入厕所则给予肢体或语言提示。给予主动上厕所的学生表扬。引导学生走向与性别符合的厕所。要求男生站立小便；女生蹲下小便。上完厕所后，双手拉好裤子，按下冲水阀，然后到水池处洗手。学生多多练习，辅助逐步减少。

活动建议：
◎本活动建议教师在自然情景中教学。

第三节　独立大便的能力

活动名称：我会上厕所——大便

1. 活动目标
◎训练儿童到厕所大便的能力。
◎训练儿童主动上厕所的意识。
2. 活动准备
◎上厕所的绘本、卫生纸、香皂、毛巾、垃圾桶。
3. 活动步骤
◎师生问好，教师带领学生做常规准备活动。
◎手指操。
——选择学生喜欢的音乐，跟随音乐和老师一起做手指操：一个手指头呀，一个手指头呀，变呀变呀变呀，变成毛毛虫呀，爬爬爬；两个手指头呀，两个手指头呀，变呀变呀变呀，变成小白兔呀，跳跳跳；三个手指头呀，三个手指头呀，变呀变呀变呀，变成大花猫呀，喵喵喵；四个手指头呀，四个手指头呀，变呀变呀变呀，变成大螃蟹呀，哼哼哼！五个手指头呀，五个手指头呀，变呀变呀变呀，变成大老虎呀，哈哈哈！
◎体验活动
——教师讲解绘本内容，说明拉屁屁是需要到厕所进行的以及拉完屁屁后的清理。根据学生拉屁屁的规律，让学生主动如厕；走向与性别符合的厕所；脱下裤子蹲下大便；使用卫生纸从前往后擦屁股；擦好屁股后将纸扔进垃圾桶；拉上裤子；按下冲水阀；在水池处打开水龙头将手打湿，关上水龙头，抹上香皂，双手搓搓，打开水龙头冲洗双手，洗完双手后关上水龙头，用毛巾擦干手上的水渍。
4. 活动建议
◎本活动建议教师先掌握学生大便的时间，在自然情景中教学。
◎本活动建议家长在家协同教学。

第四节 辨识厕所符号的能力

一、训练目标

（1）训练儿童辨识男女厕所的头像。
（2）训练儿童辨识男女厕所的文字。

二、训练内容

活动名称1：我会认男女厕所（1）

1. 活动目标
◎学生能根据头像辨识男女厕所。
2. 活动准备
◎关于上厕所的绘本，厕所的标志是头像。
3. 活动步骤
◎师生问好，教师带领学生做常规准备活动。
◎找朋友。
——找呀找呀找朋友（动作：拍手），找到一个好朋友（动作：两人拉拉手），敬个礼（动作：敬礼），握握手（动作：握手），你是我的好朋友（动作：互相指对方），再见（动作：挥手）。
◎游戏活动。
——教师根据绘本带领学生进行指认教学，然后请学生按照教师的指令指出相应的图片，如果学生能够正确指出则立即给予强化。再带学生去贴有头像的厕所进行实地练习。
4. 活动建议
◎本活动建议家长协同学生在实际生活中进行巩固。

活动名称2：我会认男女厕所（2）

1. 活动目标
◎学生能根据文字辨识男女厕所。
2. 活动准备
◎关于上厕所的绘本，厕所的标志用文字写明。
3. 活动步骤
◎师生问好，教师带领学生做常规准备活动。

◎找朋友。

——找呀找呀找朋友（动作：拍手），找到一个好朋友（动作：两人拉拉手），敬个礼（动作：敬礼），握握手（动作：握手），你是我的好朋友（动作：互相指对方），再见（动作：挥手）。

◎游戏活动。

——教师根据绘本带领学生进行指认教学，然后请学生按照教师的指令指出相应的图片，如果学生能够正确指出则立即给予强化。再带学生去贴有文字标识的厕所进行实地练习。

4. 活动建议

◎本活动建议家长协同学生在生活场景中巩固。

第五节　就寝的能力

一、训练目标

1. 训练学生按时入睡。
2. 训练学生睡觉不尿床。

二、训练内容

活动名称：午睡

1. 活动目标
◎学生能按时入睡。
◎学生睡觉不尿床。

2. 活动准备
◎关于睡觉的图片或绘本。

3. 活动步骤
◎师生问好，教师带领学生做常规准备活动。
◎睡吧宝贝。
——教师在音乐声中带着学生一起根据音乐做动作。
◎游戏活动
——教师带领学生一起看 XX 睡觉的绘本，稳定学生情绪，引发学生睡意。然后让学生模仿睡觉的场景，讲解睡觉的要求：双腿弯曲，向右侧卧；鼻子呼吸，披好被子；露头不露肩。随后让儿童脱掉外衣外裤，将外衣外裤放在固定位置，上床躺好，盖上被子午睡。

4. 活动建议

◎本活动建议家长晚上睡觉时对学生的要求和学校一致。
◎本活动建议环境中的温度与光线要适宜。
◎本活动建议教师在午饭后实际情境中进行教学并实践。
◎本活动建议教师在学生起床前提前拉开窗帘，播放舒缓的起床音乐。

5. 活动素材

节选《睡吧宝贝》

睡吧 睡吧 亲爱的宝贝
梦中的你 一定笑得很美
不要你流眼泪 你流泪我心碎
躺在我怀里睡吧 我的小宝贝
睡吧 睡吧 可爱的宝贝
我多想摘下一朵白云为你做被
清风知我的心 愿和你长相随
我们在梦里相依偎 亲爱的宝贝
睡吧 睡吧 亲爱的宝贝
睡吧 睡吧 亲爱的宝贝
睡吧 睡吧 亲爱的宝贝
睡吧 睡吧 亲爱的宝贝

第十章　自闭症儿童的安全能力

本章主要从训练学生能够安全过马路、能够根据警示标志采取相应措施两方面来加强学生的安全意识和安全能力。

第一节　过马路的能力

　　　　活动名称：安全过马路
1. 活动目标
◎学生能指认红色、绿色、斑马线。
◎学生能根据"红灯停、绿灯行"的规则过马路。
2. 活动准备
◎安全过马路视频，自制红绿灯、小车、斑马线。
3. 活动步骤
◎师生问好，教师带领学生做常规准备活动。
◎认知活动。
——教师播放安全过马路视频，总结过马路的关键点"过马路，要仔细；红灯停，绿灯行。"
——教师带领学生进行指认红色、绿色、斑马线、小车的教学，背诵"红灯停、绿灯行"的交通规则。
◎体验活动。
——模拟过马路场景：教师带领学生在"斑马线"旁等待，先让学生看清对面指示灯的颜色，如"红色"——不能通行，"绿色"——可以过马路。教师带领学生过马路一次，随后根据学生能力分组练习过马路，辅助随着学生熟练程度的增加不断减少。
——过马路实训：教师带领学生在离校较近的斑马线（路面有监控）旁等待，先让学生看清对面指示灯的颜色，如"红色"——不能通行，"绿色"——可以过马路。教师带领学生过马路一次，随后根据学生能力分组练习过马路，辅助随着学生熟练程度的增加不断减少。

4. 活动建议
◎本活动建议家长协同学生在生活中练习。
◎本活动建议教师选择离校近的实训地点，实训时间错开上班高峰期。

第二节　观察运用警示标志的能力

活动名称：我是好孩子

1. 活动目标
◎学生能指认常见的警示标志：禁止游泳；禁止触摸；禁止攀爬；禁止食用等。
◎学生能根据警示标志做出相应的反应。
2. 活动准备
◎各类警示标志卡片、相关视频等。
3. 活动步骤
◎师生问好，教师带领学生做常规准备活动。
◎认知活动。
——教师播放关于警示标志的相关视频，请学生指认警示标志，教师解释标志的含义。如挂有"禁止攀爬"标志的地方是不能去爬的，这是危险的。
◎体验活动。
——模拟场景：将"禁止触摸"的卡片贴在电线处，将"禁止攀爬"的卡片贴在走廊的栏杆处。教师带领学生去寻找这些卡片，让助教错误示范，请学生指出错误，说出应该怎么做。
——实训：教师带领学生寻找学校或家附近的相关警示标志，并根据标志做出相应的行为。
4. 活动建议
◎本活动建议家长协同学生在生活中练习。

第十一章　自闭症儿童居家生活的能力

本章主要训练学生：开关门的能力、开关灯的能力、洗碗筷的能力、做饭的能力、扫地的能力、清洗衣物的能力、整理衣柜的能力、整理床铺的能力、雨天出行的能力、购物的能力、休闲娱乐的能力。

第一节　开关门的能力

活动名称：我会开关门

1. 活动目标
◎学生能使用钥匙开门。
◎学生能关门。
2. 活动准备
◎钥匙。
3. 活动步骤
◎师生问好，教师带领学生做常规准备活动。
◎体验活动。
——教师示范开关大门的步骤：将钥匙插入门中的锁眼里，手握钥匙转动，推门，门开；将门拉上，钥匙插入门中锁眼，手握钥匙反向转动，取出钥匙。学生练习。辅助随着学生熟练程度的增加不断减少。
——教师示范开关房屋中的门的步骤：手握把手；转动把手；推门，门开；将门拉上，门关。学生练习。辅助随着学生熟练程度的增加不断减少。
4. 活动建议
◎本活动建议家长在家协同学生练习。

第二节　开关灯的能力

活动名称：我会开关灯

1. 活动目标
◎学生能找到灯开关的位置。
◎学生能根据需要开关灯。
2. 活动准备
◎提示贴。
3. 活动步骤
◎师生问好，教师带领学生做常规准备活动。
◎体验活动。
——教师示范开关灯的步骤：将提示贴贴在灯开关处，进门前按下开关，灯亮；出门前按下开关，灯灭。学生练习。随着学生不断熟练，将提示贴去掉。
4. 活动建议
◎本活动建议家长在家协同学生练习。

第三节　洗碗筷的能力

活动名称：我会洗碗筷

1. 活动目标
◎学生能洗碗。
2. 活动准备
◎自备含有洗碗过程的视频、自制洗碗提示图、小黑板、脏碗、洗碗布、洗洁精、水槽。
3. 活动步骤
◎师生问好，教师带领学生做常规准备活动。
◎播放视频。
——教师带领学生观看洗碗视频，在视频出现某个环节时及时在小黑板上贴上提示图：将洗碗槽的漏水处盖好，拧开水龙头放水，待水有3厘米高时关闭水龙头，将收拢的筷子放在洗碗槽中，在水中倒入几滴洗洁精，双手搓洗筷子（从筷端搓到筷末），将搓洗后的筷子放入另一水槽中；将碗放入有水的槽中，用打湿的洗碗布抹碗（从碗底到碗口、从里到外的顺序），将洗好的碗和筷子放好；打开水龙头将水放入水槽中清洗碗筷；关闭水龙头，将筷子多余的水轻轻甩干后放入筷子篮中，清洗后的碗将水沥干后放入碗柜中；将洗碗布拧干擦拭洗碗台；将槽中的水放掉；将抹布拧干晾好。

◎体验活动。
——教师带领学生按照洗碗提示图进行实践操作。
4. 活动建议
◎本活动建议家长协同学生在家巩固。

第四节　做饭的能力

活动名称1：我会煮饭

1. 活动目标
◎学生能使用电饭煲煮饭。
2. 活动准备
◎电饭煲、米、量米的小盅、干净的抹布。
3. 活动步骤
◎师生问好，教师带领学生做常规准备活动。
◎体验活动。
——教师示范：先取出电饭煲的内锅，用小盅舀两盅米放在电饭煲的锅里，拧开水龙头接水淘洗，静止一会儿将水倒出，再接水至锅内的刻度2，用抹布将内锅外部的水擦干净，将内锅放入电饭煲中，盖上后将插头插好，选取"煮饭"功能，按"开始"键，听到音乐声即开始煮饭了。学生练习。辅助随着学生熟练程度的增加不断减少。
4. 活动建议
◎本活动建议家长在家协同学生练习。

活动名称2：我会煮面

1. 活动目标
◎学生能使用燃气灶煮面。
2. 活动准备
◎面条、燃气灶、锅、碗、食用盐、味精、筷子、勺子、酱油、水、抹布、围裙等。
3. 活动步骤
◎师生问好，教师带领学生做常规准备活动。
◎体验活动。
——教师做示范：系上围裙，将洗干净的锅放在燃气灶上，将水倒入锅中，拧开燃气灶开关点燃燃气灶，等到水往上不断冒泡时将面条抽出一把放入水中，用筷子在锅内搅动三次，用筷子将面挑起不下滑时就可以将面挑在碗里了，用勺子舀汤水加在碗中，汤盖过面即可，放上一小勺盐、味精、酱油等调料就可食用了，用抹布将灶台擦拭干净。学生练习煮面。随着学生练习次数的增多，逐渐减少辅助。

4. 活动建议

◎本活动建议家长协同学生在家练习。

活动名称3：我会炒菜

1. 活动目标

◎学生能使用燃气灶炒菜。

2. 活动准备

◎青菜、燃气灶、锅、锅铲、盘子、食用盐、味精、抹布、小勺、盆子、油、洗碗布等。

3. 活动步骤

◎师生问好，教师带领学生做常规准备活动。

◎体验活动。

——教师洗青菜示范：系上围裙，将盆子接满水，将青菜叶掰开放入盆中，将每片叶子清洗干净后放入盘中，将盆中水倒掉；盆中再次接满水，将青菜叶倒进水中，清洗青菜叶；重复清洗青菜叶；将洗好的青菜叶放入盘中。学生练习清洗菜叶。随着学生练习次数的增多，逐渐减少辅助。

——教师炒青菜示范：系上围裙，将洗干净的锅放在燃气灶上，拧开燃气灶开关点燃燃气，等到锅中无水时放上一小勺油，等油热后将菜放入锅中，用锅铲不断翻炒，三分钟后放入适量盐和味精，用锅铲不断搅拌后将菜舀入盘中，将锅接上水后用洗碗布清洗锅和锅铲，擦拭灶台。学生练习炒菜。随着学生练习次数的增多，逐渐减少辅助。

4. 活动建议

◎本活动建议家长协同学生在家练习。

第五节　扫地的能力

活动名称：我会扫地

1. 活动目标

◎学生能扫地。

2. 活动准备

◎垃圾桶、簸箕、扫帚。

3. 活动步骤

◎师生问好，教师带领学生做常规准备活动。

◎体验活动。

——教师示范扫地流程：右手开口向上握住扫帚上部，左手开口向下握住扫帚中部；双手握好扫帚按照从左到右，从上到下的顺序清扫地面；将垃圾扫到一堆，装进簸箕中，将垃圾倒入垃圾桶里。学生练习扫地。随着学生练习次数的增多，逐渐减少辅助。

4. 活动建议

◎本活动建议家长协同学生在家练习。

第六节　清洗衣物的能力

活动名称：我会洗衣服

1. 活动目标

◎学生能独立清洗衣物。

2. 活动准备

◎洗衣液、肥皂（洗内裤、袜子的肥皂各一块）、盆子（洗内裤、袜子的盆子各一个）、洗衣机、晾衣架数个。

3. 活动步骤

◎师生问好，教师带领学生做常规准备活动。

◎体验活动。

——教师示范洗内裤的步骤：拧开水龙头，用盆子接满水，拧上水龙头；将内裤放入盆中用水打湿，将内裤抹上肥皂，双手搓内裤，在盆中清洗内裤，拧干；再接盆水清洗，拧干后用衣架晾好挂在衣杆上。学生练习洗内裤。随着学生练习次数的增多，逐渐减少辅助。

——教师示范洗袜子的步骤：拧开水龙头，用盆子接满水，拧上水龙头；将袜子放入盆中用水打湿，将袜子抹上肥皂，双手搓袜子，在盆中清洗袜子，拧干；再接盆水清洗，拧干后用衣架晾好挂在衣杆上。学生练习洗袜子。随着学生练习次数的增多，逐渐减少辅助。

——教师示范洗衣服的步骤：要洗的衣物放进洗衣机中，将洗衣液倒入洗衣机中，关上洗衣机门，拧开洗衣机处的水龙头，将洗衣机的插头插入插座，按"开始"键，等待洗衣机自动洗衣，待洗衣结束的提示音响起后打开洗衣机门，拿出洗好的衣服用衣架晾好挂在衣杆上。学生练习用洗衣机洗衣服。随着学生练习次数的增多，逐渐减少辅助。

4. 活动建议

◎本活动建议家长协同学生在家练习。

第七节　整理衣柜的能力

活动名称：整洁的衣柜

1. 活动目标

◎学生能卷好袜子放好。

◎学生能叠好衣服放好。

◎学生能叠好裤子放好。

◎学生能叠好内裤放好。

2. 活动准备

◎衣柜、衣服、裤子、内裤、袜子。

3. 活动步骤

◎师生问好，教师带领学生做常规准备活动。

◎体验活动。

——教师示范整理内裤的步骤：将内裤两次对折后放入柜中固定盒中。学生练习整理内裤。随着学生练习次数的增多，逐渐减少辅助。

——教师示范整理袜子的步骤：将袜子两只叠放在一起，双手向上卷，卷到底将袜子翻转过来，将袜子放在衣柜固定盒中。学生练习整理袜子。随着学生练习次数的增多，逐渐减少辅助。

——教师示范整理衣服的步骤：将衣服正面朝上平铺在桌上，将左右衣袖各自折进衣服中，使衣服呈长方形状，将衣服对折，再次对折后放入衣柜固定处；大衣类衣服直接挂在衣柜里。学生练习整理衣服。随着学生练习次数的增多，逐渐减少辅助。

——教师示范整理裤子的步骤：将裤子正面朝上平铺在桌上，对折，再对折后放入衣柜固定处；不方便折叠的裤子直接挂在衣柜里。学生练习整理裤子。随着学生练习次数的增多，逐渐减少辅助。
4. 活动建议
◎本活动建议家长协同学生在家练习。

第八节　整理床铺的能力

活动名称：整洁的床铺

1. 活动目标
◎学生能叠好被子放好。
◎学生能抚平床单。
◎学生能将枕头放好。
2. 活动准备
◎床、被子、床单、枕头。
3. 活动步骤
◎师生问好，教师带领学生做常规准备活动。
◎体验活动。
——教师示范整理床铺的步骤：将被子打开，对折，再次对折，将被子放在床头中间处，将枕头抚平放在被子上；抚平床单。学生练习整理床铺。随着学生练习次数的增多，逐渐减少辅助。
4. 活动建议
◎本活动建议家长协同学生在家练习。

第九节　雨天出行的能力

活动名称：我能在雨天行走

1. 活动目标
◎学生能撑伞。
◎学生能在雨天行走。
2. 活动准备
◎伞、雨鞋。
3. 活动步骤

◎师生问好，教师带领学生做常规准备活动。
◎体验活动。
——教师示范在雨天行走的步骤：穿上雨鞋，撑开雨伞，将伞向前方稍微倾斜，伞遮住身体上半身。学生练习。随着学生练习次数的增多，逐渐减少辅助。

4. 活动建议
◎本活动建议家长协同学生在雨天进行练习。

第十节　购物的能力

活动名称：逛超市

1. 活动目标
◎学生能根据购物清单找到货物。
◎学生能等待结账。
◎学生能将货物提回家。

2. 活动准备
◎购物清单、钱、布袋、推车。

3. 活动步骤
◎师生问好，教师带领学生做常规准备活动。
◎体验活动。
——教师示范购物步骤：根据清单找到货物，将货物放入推车中，排队等待结账，收银员扫完货物时支付账单，将货物放入布袋中，将袋子提回家中，将货物放入冰箱。学生练习。随着学生练习次数的增多，逐渐减少辅助。

4. 活动建议
◎本活动建议家长协同学生在超市中多次进行练习。

第十一节　休闲娱乐的能力

活动名称：我会玩

1. 活动目标

◎学生会在空闲时看电视。
◎学生会在空闲时听音乐。
◎学生会在空闲时跑步。
◎学生会在空闲时滑旱冰。
◎学生会在空闲时骑自行车。
◎学生会在空闲时游泳。

2. 活动准备
◎电视、音乐播放器、跑步机、旱冰鞋、游泳装备。

3. 活动步骤
◎师生问好，教师带领学生做常规准备活动。
◎体验活动。
——教师根据学生的实际生活情况，制订学生休闲计划（如学生会并且喜欢游泳，则可作为休闲娱乐的一种活动），如星期一相关任务完成后，请学生选取任意一项活动进行。

4. 活动建议
◎本活动建议长期进行，但需小幅度进行时间调整，以免学生的刻板行为加深。

参 考 文 献

[1] 饶克勤，王明亮. 知识管理理论、方法与实践——知识管理与卫生循证决策[M]. 北京：科学出版社，2010.

[2] 张文京. 弱智儿童个别化教育与教学[M]. 重庆：重庆出版社，2005.

[3] 马燕，洪琦等. 5-羟色胺再摄取抑制剂治疗孤独症的临床机制研究[J]. 重庆医学，2009，38（02）：164-166.

[4] 王辉. 国内脑瘫学生教育康复模式的研究现状与发展趋势[J]. 中国特殊教育. 2010（04）：18-22.

[5] 朱红英. 0~3岁婴幼儿精细动作发展的促进策略研究[D]. 长春：东北师范大学，2011.

[6] 周念丽. 透视和促进ASD学前儿童"社会脑"发展——神经可塑敏感期的教育干预模式之建构[J]. 华东师范大学学报（教育科学版），2013（02）：49-55.

[7] 鲁明辉，张永盛等. 自闭症谱系障碍儿童睡眠问题及影响因素[J]. 中国特殊教育，2014（05）：33-38.

[8] 申仁洪. 走向伙伴协作的残障儿童家庭参与——基于美国研究的考察[J] 比较教育研究，2016，38（04）：100-106，112.

[9] 赵斌，马小卫. 自闭症儿童教育康复研究述要[J]. 教师教育学报，2015（02）：104-110.

[10] 梅宗会. 精细动作训练提升中度智力障碍儿童生活自理能力的个案研究[D]. 成都：四川师范大学，2019.